人喰いの社会史

カンニバリズムの語りと異文化共存

弘末雅士
hirosue masashi

山川出版社

人喰いの社会史　目次

人喰いの社会史
カンニバリズムの語りと異文化共存

第1章
人喰い話の歴史

人はなぜ人喰い話が好きなのか

人間は、共食いを避けようとしながら、奇妙なことに人喰い話が好きである。古くから世界各地の食人風習が話題となり、現在でも人肉食の話がときどき新聞などで取り上げられる。これは研究者の世界にもあてはまる。筆者は、食人慣行をもっていた北スマトラのバタック社会の歴史研究にたずさわってきたが、この地域の政治経済史や宗教社会史を研究会で話題にしても、聞き手からはあまり反響がないのに、人喰いをテーマにすると、とたんに出席者の反応が活発になる。これは日本人研究者のあいだだけでなく、国際会議においても同じであり、当のバタック人も食人を話題にすることが好きである。

歴史上、文明世界の外れに「人喰い族」が存在することはしばしば話題になった。紀元前五世紀の歴史家ヘロドトスによると、ギリシアのはるか東方の大平原で暮らすマッサゲタイ人は、高齢者の男を殺し、その肉を家畜の肉と煮て食したという［ヘロドトス 1971:183］。また七世紀にナーランダ学院に赴いた玄奘《げんじょう》が記した釈迦《しゃか》の前世を語る説話は、インドから船出した商人たちが、海上で嵐に遭遇し宝洲《ほうしゅう》に漂着したところ、美しい女性たちに迎えられたが、やがて彼女らが男たちを食う羅刹女《らせつにょ》に変身したという［玄奘 1999:347］。そのほか、アッバース朝時代にインド洋を航行した商人や船乗りたちの話を集めた『インドの驚異譚』（十世紀）は、北スマトラやニアス島、マレー半島に「人喰い」が住むと語る［Tibbetts 1979:45］。また大航海時代を迎えたヨーロッパでは、西インド諸島やアメリカ大陸に「人喰い族」がいることが話題となった。さらに二十世紀においても、パプア・ニューギニアやアフリカの事例がさかんに語られた。

しかも世界のあらゆる集団が、一度は「食人種」の烙印を捺された。日本人もマルコ・ポーロにいわせれば、身代金が支払われない戦争捕虜を集団で食したとされる［マルコ・ポーロ 1971:139–140］。一方日本人は、中国に食人慣行があったとみなし、太平洋の島々や東南アジアには「人喰い族」がいると想像した。食人風聞は二十世紀後半にいたっても存在し、先のパプア・ニューギニアやアフリカの事例が話題となったが、一九六〇年代のアフリカでは、タンザニアやウガンダの人々がヨーロッパ人を「食人種」とみなしたことが報告されている［アレンズ 1982：12–13］。食人慣行が史実かどうかは、慎重に検証されねばならないが、それが話題となったことは否定できない事実である。なぜ、そうした語りが広がり、今でも人喰い話に人は関心をもつのであろうか。

自然から自立して社会を形成してきた人間は、共食いを近親相姦とともに基本的なタブーとしてきた。そして自分たちの生存をより確かなものとするために、相互扶助を掲げる共同体への帰属意識を涵養《かんよう》してきた。共同体を維持するために、その秩序を乱す行為は罰せられ、それに忠実であることが称賛される。共同体は構成員にとって神聖なものとなり、ときとしてその敵対者は命が奪われ、その維持のために構成員の命が捧げられることもある。こうして人の生と死に共同体が深くかかわりだすと、その肉体のあり方自体も問われる。生者の身体はいかに保たれるべきか、死体はいかに扱われるべきか、重要な事柄となる。

他方で、人は自然と無縁で生きられない。自然は人間に食糧を授け、資源を供給する。自然は、人間の生存を支える原動力であり、人間はそこからの自立を試みながら、同時に

ブラジルのトゥピナンバ人の「食人の宴」

その恵みに依存してきた。食人は、人と自然との区分を固定化せず、人を自然同様に取り込む行為であった。のちに述べるように、人喰いを自らの社会秩序を維持するための行為として積極的に語る集団も存在した。また先に述べた「人喰い族」が住むとされた地域は、しばしば貴重な物品の産地とみなされた。食人の話は、人と社会や自然との関係、身体をめぐる観念、共同体間の交流や人々の世界観を考えるための、貴重な材料を提供してくれるように思われる。

食人が、戦乱や飢餓などで生存のためにほかに手段がない際に、起こったことは否定できない。日本人のあいだでも、第二次世界大戦時の戦場の事例がかつて話題となった。そうした事実は、人々に衝撃を与えたが、やむをえない行為として、それ以上に話が発展することはあまりない。また好奇心にもとづく人体の一部の採食も、一時的な話題となるにすぎない。それに比べ、他文化集団の食人慣行については、はるかに大きな関心が払われた。それが事実かどうか十分な検証をなおざりにしてでも、そうした習俗の存在の可能性が、多くの人々のあいだで話題となった。社会やそれを取り巻く周辺地域との関係にときとして閉塞感を抱く私たちにとって、そうした語りが人と社会との関係やさらには自然をも含む世界を相対化させるための、豊かな材料を提供してくれるからであろう。本書が問題としたいのは、こうした後者の食人の語りである。

「人喰い族」とされた人々が、実際に食人慣習をもったか、そうでないのか、簡単には判断がくだしにくい。信頼できる第三者の目撃例は、きわめて限られているか、ほとんどないからである。本書がおもな事例として取り上げる北スマトラのバタック人のケースも、そうした一例である。直接目撃したことを語る史料は断片的なものであり、周辺地域や当該の人々の情報にもとづき、トバ湖周辺のバタック人は二十世紀初めに植民地支配に服するまで、人喰いの慣習をもっていたことが了解されてきた。つまり、人々のイメージづくりに重要な役割を担うのは、その社会の事情に通ずるとされた情報提供者の語りであった。関心ある事柄を知りたがる外来者にとって、インフォーマントはきわめて重要となる。人喰い話の多くは、それに関心を寄せる外来者と情報提供者とのあいだで交わされた語りといえよう。

野蛮と神聖のあいだを揺れる「食人」

「人喰い族」は、一般に性的規範が弛緩し、自然との境界があいまいな蛮人とみなされることが多い。先にあげたヘロドトスの『歴史』は、食人種のマッサゲタイの男が一人ずつ妻を娶《めと》るが、男たちは欲望に従い、妻たちを共同に使用すると記す。そのほか『インドの驚異譚』やマルコ・ポーロは、「人喰い」とされた北スマトラの住民に尻尾《しっぽ》があるとする。また一四九二年にヨーロッパ人として初めて中米のバハマ諸島に到着したコロンブスは、その島の住民から隣接するカリブ人が「人喰い族」であることを聞かされ、カリブ人を犬の顔をもつ獰猛《どうもう》な人々と想像した［ラス・カサス 1977:107］。「食人慣行」(カンニバリズム)の語根「カンニバル」は、この「カリブ」がなまって「カンニバル」(人喰い)となった。アメリゴ・ヴェスプッチの中南米の「人喰い族」の見方も同様で、彼らの残忍さは鬼畜を凌ぎ、また母親や妹の関係なく結婚をするとしている［アメリゴ・ヴェスプッチ 1965:275,329］。

このように、食人者は負の烙印を捺されがちであるが、なかには自分たちの食人を積極的に語る場合もあった。前近代の中国や本書が取り上げるバタック人やブラジルのトゥピナンバ人などは、そうした事例である。

中国における食人の語りは、古くから展開した。桑原隲蔵「支那人間に於ける食人肉の風習」は、文献の記述をそのまま史実としている点を差し引けば、中国人による食人の語りをきわめて体系的に提示している［桑原 1988:99–168］。『史記』や『資治通鑑《しじつがん》』によると、漢の高祖や隋の煬帝《ようだい》は、叛臣を誅殺しその肉を臣下たちに配布したという。中華帝国を統べる天子として、あらゆる権限が付与されている皇帝観念を含蓄した話といえよう。他方、中国でそうした支配者の権力が衰え、騒乱が生じると、人民は農耕ができず、人肉をも食用とせざるをえない嘆かわしい事態を招くと語られた。たとえば、社会秩序が乱れた唐末には、当時繁栄した揚州の市場で、人肉が売られたという。また病気の親に、子どもが滋養分豊かな自らの股肉を調理して供することは、孝の典型とされた。流行する割股行孝《かつまたこうこう》の弊害を憂いた明の太祖洪武帝《こうぶてい》は、これを制限しようとしたが、あまり効果がなかったという。ちなみに日本においても、こうした行為が、釈迦が前世で両親に自らの肉体の一部を献じた話と通ずるとして、称えられたことが、仏教説話集から明らかとなる［金 2011：201-209：小峯 1985：335-336］。

またバタック人も、外来者に対して比較的屈託なく、食人を語ってきた。北スマトラは、来訪者の記録に古くからこの地域に「人喰い」が住むとの記述がみられ、十八世紀以降は、内陸部に足を踏み入れた来訪者に対し、バタック人自身がその行為を語った記録が存在する［Marsden 1811：370, 391］。とりわけ外来者の関心をかったのが、生きたまま食するという彼らの語りであった。それによると、彼らの仇敵となる戦争捕虜や首長の娘や妻との姦通者さらに極悪の犯罪人は、生きたまま杭に縛りつけられ、参加者の持つナイフで、美味いとされる体の部位の肉を切り取られ、焼き肉にして食されたという。かつてこの処刑法を語ることでまわりの人々に驚愕《きょうがく》の念を与え、彼らの社会秩序を守ることは、バタック人の美徳ですらあった。

いうまでもなく、こうした語りを史実の反映と短絡的にみなすことには、慎重でなければならない。ただし、本書はそれが史実を反映するかどうかを検討することよりも、これらが語られたことの事実を重視したい。皇帝権力にせよ、親子関係や男女関係さらに戦争の仕方にせよ、社会の秩序形成の根幹にかかわる領域で、食人が引合いに出されたことは注目される。社会秩序を成立させるためには、人と自然との関係を措定し、構成員間の規律が必要になる。人喰いを忌諱《きき》するにせよ、取り込むにせよ、それを引合いに出すことで、共同体の規範をつくりあげたのである。前近代の中国やバタックは、その秩序形成に食人の語りを取り込んだケースであり、この両者やのちに紹介するブラジルのトゥピナンバ人などの事例が注目を浴びてきたのは、こうした事例が限られていたからである。

近代になり欧米の秩序理念が支配的になると、食人は非人道的なものとみなされ、その語りは後退を余儀なくされた。中国においても人喰いは、魯迅《ろじん》の『狂人日記』(一九一八年)で語られているように、廃絶されるべき負の遺産とされた。現代中国では、噂話とし

1520年代にドイツで作成された犬の顔をした「人喰い族」

バタック人の伝統的家屋(サモシール島)

てときどき登場するが、食人が社会の表舞台で取り上げられることはほとんどない。これはバタックの場合も同様である。十九世紀後半から二十世紀初めにかけて形成された植民地体制下で、この慣行は廃絶された。キリスト教やイスラームに改宗した現在の彼らには、それは過去のものである。

ただしバタック人は、食人話の多くが清代以前のものである中国の場合と異なり、二十世紀初めまでこの風習について語ってきた。また周辺集団とその語りを共有してきたため、彼らの集団的表象を語る際に、この伝統を無視しにくい。そのためかつての食人が、現在でも観光客に提供する話題の一つとなり、その語りを発展させていることが、文化人類学者アンドリュウ・コーゼイの研究で明らかにされている[Causey 2003]。

ある人間集団の人喰い話を取り上げる際に、その人々の現在の心情を考慮することは避けて通れない。複雑な思いを抱く人々も、少なくないであろう。ただし、だからといってその語りを封印するだけでは、問題解決にならないように思われる。食人を負とする近代の理念も、歴史的な産物だからである。むしろ食人をめぐる語りを歴史的に検討することで、多様な人間の営みを検討することが、人間と社会や自然との関係さらに共同体間の交流を考えるうえで、有益となろう。前述したように、多くの人々が関心をもち、世界のあらゆる集団が一度は「人喰い」とされたことを勘案すると、食人の語りは、文化交流の歴史を考えるうえで、貴重な材料を提供してくれるように思われるのである。

史実と風聞

食人の風習について、欧米人のあいだでは、植民地支配を受け入れる以前の中南米をはじめ太平洋の島々やパプア・ニューギニア、さらには東南アジアやアフリカなどの事例がしばしば引合いに出された。また中国の史書や小説に登場する人肉食の事例は、欧米だけでなく、東アジアでも注目を浴びてきた。それらの食人の説明として、宗教観念にもとづくものから食道楽や医療にいたるまで、さまざまな理由があげられてきた。

これに対し、アメリカ人の人類学者ウィリアム・アレンズは、その著書 *The Man-Eating Myth*, 1979（邦訳『人喰いの神話』）のなかで、従来食人慣習が存在したとされた中南米や太平洋の島々、さらにパプア・ニューギニアやアフリカの事例を再検証した［アレンズ 1982］。それをとおして彼は、ヨーロッパ人の旅行家や宣教師さらには人類学者の食人をめぐる記述が、事実を目撃したものでなく、間接的情報にもとづくものであり、非ヨーロッパ人にそうした慣習が存在するとした、ヨーロッパ人の自集団と他集団とを分けるバイアスを問題とした。アレンズは、生存が危機的状況におかれた場合を除き、どの社会においても人喰い慣行の存在を証明することが困難であるとした。そして、前述した地域の食人慣行の既成事実化に、人類学者が無批判に手を貸してきたことを指摘した。

アレンズの研究は、その後の食人研究に、少なからぬ波紋を投げかけた。これまで食人を事実とみなしてきた研究者は、アレンズが批判した情報源が信頼性の高いものであると反論した。またパプア・ニューギニアの研究者からは、アレンズが現地人の語りを軽視しており、慣習的事実として食人が存在したことが指摘された[栗田 1999 : Haberberger 2007]。これらの反論は、傾聴するべき点があるが、アレンズの議論を正面から批判したわけではない。彼は、食人慣習がなかったことを論じたのでなく、非ヨーロッパ人に対するヨーロッパ人のバイアスを指摘し、そこから「人喰いの神話」が醸成されることを問題にしているからである。

その後の中南米や太平洋の島々の食人研究では、欧米人旅行者や宣教師さらに植民地官僚の現地人に対するスタンスが、詳しく再検討されてきた。人身供犠の儀礼にともなう食人や部族間抗争にともなう一部の食人の可能性は否定できないが、それを拡大してイメージをつくりあげた欧米人の言説が丁寧に考察された[たとえば Barker, Hulme and Iversen 1998]。また

「人喰い」とされた人々がその後いかなる自己表象を形成したかについても、検討が進められた。

こうした研究は、筆者がフィールドとする北スマトラのバタックの事例を考えるうえでも、有益なヒントを提供してくれた。これまでバタック人の食人の場面を目撃したとされる記録として、一八四〇〜四一年にその地に滞在したドイツ人のフランツ・ユングフーンの著作が代表的なものとしてあげられる[Junghuhn 1847]。しかし、その記述を子細に検討してみると、のちに本書でも紹介するが、そのシーンはきわめてステレオタイプ化されたものであり、本当に彼が目撃したものか疑わしくなる。医者でもあった彼が、ほかの事柄に関してはしばしばイラストを残しているのに、高い関心を払った人喰いの場面に、まったく絵図を残していないのもその疑問を一層深くする。まわりのバタック人から聞いた話をもとに、彼なりにその場面を構想した可能性は否定できない。

ところで、アレンズやその後の食人をめぐる研究を検討していると、欧米人のバイアスについて研究が進展した反面、その食人者像の形成に寄与したと思われる現地の情報提供者の役割について、その情報がどれだけ信頼できるかの議論にとどまり、彼らの語りがどのような状況下で来訪者にいかなる影響を与えたのか、まだ十分に検討されていないことに気づかされる。彼らインフォーマントこそは、彼らの社会の文化や慣習を、外来者に特化して提示したり、あるいはさほど価値のないものとして片づけることができる重要な位置にいた。食人の話は、典型的な前者の場合であり、こうした情報提供者と来訪者との出会いにより、そのイメージが形成されたのである。

こうした情報提供者の役割を検討することは、歴史研究のうえでも避けて通れない。歴史研究のもととなる史料は、執筆者が直接その場に居合わせ記録した場合だけでなく、信頼をおいた関係者の情報にもとづいていることが多い。歴史史料を豊かに読み解くためにも、こうした情報提供者の提示した材料やその意図について考察することは、記述者の価値観を検討することとともに、重要となるからである。

本書は、まず大航海時代を迎えたヨーロッパ人が、中南米や東南アジアのモルッカ(マルク)諸島に到達して現地の人々と接触するなかで、「食人種」観を形成した事例から話を始めよう。

第2章

大航海時代と「人喰い族」

コロンブスの出会い

未踏の場所を訪れたとき、現地の案内人は来訪者にとってきわめて重要になる。一四九二年に初めてバハマ諸島に到着したコロンブス（クリストーフォロ・コロンボ）や、一五二一年にヨーロッパ人として最初に太平洋からモルッカ諸島に至ったマゼラン（フェルナーオ・デ・マガリャンイス）艦隊、さらには十六世紀にブラジルで拠点を構えたヨーロッパ人の記録は、それを如実に語る。そうした交流のなかで、しばしば食人が語られ始めるのだが、ヨーロッパ人の「食人種」発見のプロセスには、彼らのバイアスを議論するだけでは片付けられない問題が内包されているように思われる。

一四九二年八月スペイン王室の支援を得たコロンブスは、金や香料を求めてカタイ(中国)やジパング(日本)に西回りで至ろうと考え、百名前後の乗組員よりなる三隻の艦隊でスペインを出発した。一行は、十月十二日にバハマ諸島のグアナハニ島に着いた。コロンブスはそこがインディアス、すなわちアジアであると疑わなかった。

コロンブスの航海については、当初彼の頭のなかにマルコ・ポーロの話とギリシア的世界観が混在し、活動を進めるなかで前者が後退する一方、獰猛《どうもう》な「人喰い族カリブ」のイメージが後者の古典的世界観をもとに形成されたことが、ピーター・ヒュームらの先行研究により指摘されている[ヒューム 1995]。ここでは、その人喰い話がいかなる場面で登場したのか、あらためて見てみることにしよう。コロンブスは、この第一次航海を含め、計四回にわたりインディアスの探検をおこなった。とりわけ第一次の航海記録は、のちにラス・カサスが『インディアス史』を記述するために、その記録を抜粋・要約しており、『インディアス史』と合わせて検討すると、一行の「人喰い族」像がいかにして形成されたか、興味深い材料を提示してくれる。

それによると、コロンブスは、グアナハニ島の住民に友好的に迎えられ、ヨーロッパから持参したボンネット(帽子)やガラス玉や鈴を、人々の持ってきた食糧や鸚鵡《おうむ》と交換した。

この地をアジアと信じたコロンブスは、目指す産品がどこにあるか探そうとした。そのためコロンブスは、この島の住民七名を捕え、彼らに水先案内役を依頼した。捕えられた彼らは、身の保全を願い、コロンブスの要望に応えようとした。一行は、グアナハニ島からキューバ島を訪れた。人々は、当初警戒して接触を避ける場合もあったが、コロンブス一行が攻撃的行動をとらないとわかると、やがて物々交換をとおして交流が始まった。コロンブスは、この島を当初ジパングとみなした［ラス・カサス 1977: 43–64］。

ただし一行は、現地住民の言葉がほとんど理解できなかった。また、力を背景にむりやり同行させた案内人を介しての現地人との接触は、緊張を生んだ。そうしたなかで双方の生命を脅かすことなく交流をおこなうためには、共通の敵を設定することや、来訪者の関心を別の場所に向けることが求められる。コロンブスは、いたる所で黄金や真珠のサンプルを見せ、それらの採れるところを知ろうとした。すると十一月四日にこの島の老人たちが、ボイーオというところにそれらは大量にあり、その島には一つ目であったり、犬のような鼻面をした人を喰う人間がおり、人を捕まえるとすぐに首を切り、血を吸い、生殖器を切り落とす、と言っているようにコロンブスは解せたという［ラス・カサス 1977: 79–80］。ボイーオとは「家」の意味であり、コロンブスがどの程度彼らの言うことを理解したか疑問

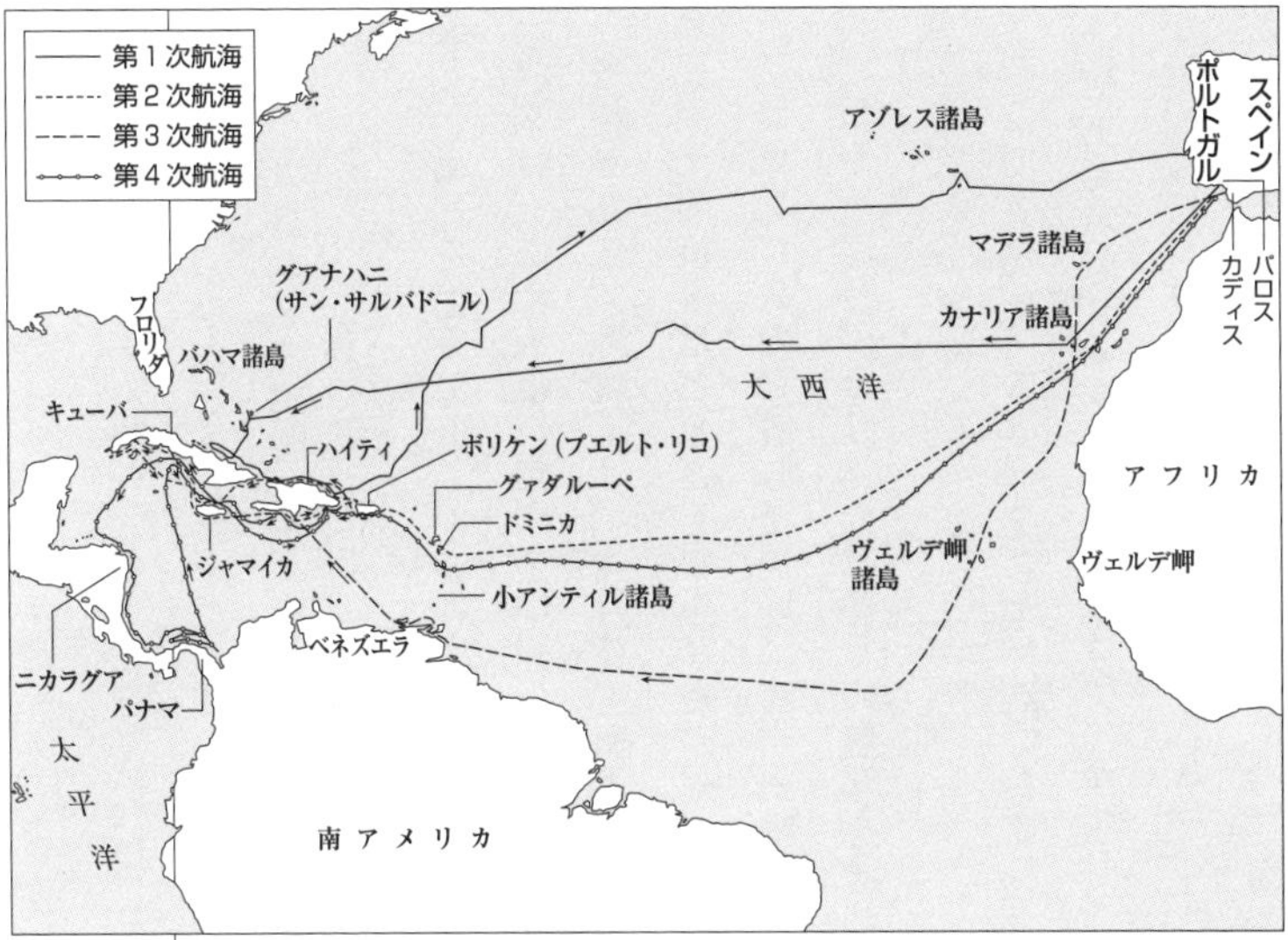

コロンブスの航海路
(第1次〜第4次)

コロンブスの肖像と署名

であるが、その「人喰い」のことを、彼はギリシア人がインドに住むと想像した犬の顔をもつ種族(キュノケファロイ)と連想したことが、先行研究で指摘されている[Lestringant 1997: 15–16]。コロンブスが聞いたところによると、こうした「人喰い族」は、カニーバ(あるいはカリベ、カリブ)と呼ばれ、その地から南東の方向の島々に住み、ときどきこの地に来襲し、島民を捕えていくという[ラス・カサス 1977: 107]。ここをジパングとみなしていたコロンブスは、この人喰い集団を中国王の臣下と考えた。

当時のカリブ海域には、強力な支配者は存在せず、島々は首長社会から構成されていた。島民同士の抗争はときとして生じたが、互いに交易関係をもち、人々はカヌーで行き来した。コロンブスの到着した地域には、一般にアラワク人とされる人々が居住していた。彼らに言わせると、カリブ人は多くの武器を有し、ときどき島々を襲撃し、島民を捕えて奴隷としていた。

そこでコロンブスは、キューバ島でも島民を数名捕え、人々がボイーオと呼んだハイティ島(エスパニョーラ島)を目指した。カニーバを怖れる捕えられたインディオたちは、島が近づくにつれ言葉少なになったという。十二月六日に一行はハイティ島に到着した。しかし島民たちは、当初一行を怖れて近づこうとしなかった。コロンブスは三名の乗組員を内陸部に赴かせ、たまたま捕えた一人の女性に、ガラス玉や鈴を渡した。彼女から村の位置を聞き出すことができたコロンブスは、彼女を村に帰した。その後一行は、その場所に赴いた。人々は一行を怖れたが、通訳役のインディオは、一行がカニーバでなく、天からきた人々であることを話したという［ラス・カサス 1977：136–176］。

一行はやがて、その地の首長グアカナガリーに出迎えられた。黄金を求めるコロンブスに、首長はこの島のシバオという場所でたくさん採れることを語った。コロンブスは、シバオが音の近さから、ジパングに違いないと考え直した。そしてカニーバを恐れるその地の首長に、スペイン王がこの「人喰い族」をみな連れてくるように命ずるであろうと、コロンブスは説き、大砲の威力を見せたという。武力を背景にカニーバから島民たちを守ることで、人々の信頼を得ようとしたコロンブスの行動といえよう。彼はこの島に三九名の部下を残留させ、一四九三年一月四日、帰国の途に就いた。

コロンブスは道中立寄ったこの島のほかの場所で、もっと東に女だけが住み、男はいない「女人が島」（マティニノ島）があり、そこは金や銅を多量に産出することを聞いた。カリブ島から男たちがときどきこの島を訪れ、交わりをもち、男が生まれれば男たちの島に移し、女が生まれればそのまま残すという。女性の豊穣性を象徴する「女人が島」の話は、世界各地に存在した。こうした話は、地元の人々の信仰の一端を示すものであったが、外来者の関心を外に向けさせる手段でもあった［ヒューム 1995：26：弘末 2004：85］。

一四九三年一月十六日、コロンブスはこれらの島々に行こうと考え、案内役のインディオ四名を船に乗せ出発した。しかし、インディオたちはこれらの島々の位置に自信がなく、結局コロンブスはカリブ島もマティニノ島も発見できず、強い西風のためにそのままヨーロッパへ向かった。最初に捕えた七名のインディオも、一緒であった。そして一四九三年三月、嵐に遭った一行はリスボンに緊急寄港し、その後陸路でスペイン王国に着いた。インディアスの発見は、国の内外で新鮮な驚きを呼び起こし、ただちに第二次の遠征が計画された。

コロンブスと「人喰い族」

コロンブスは、インディアスの黄金と香料をヨーロッパに運び込むため、一四九三年九月にふたたび航海に出発した。今度は乗員が一〇〇〇名を超える大船団であった［青木 1989：131］。このとき、第一次航海で連行したインディオのうち生き残った二名を通訳として同伴した。一行は十一月初め、小アンティル諸島のドミニカ島に着いた。この島に寄港地を見いだせなかったコロンブスは、付近のマリア・ガランテ島に寄港し、そのあと隣接するグァダルーペ島に上陸した。前回の航海の際のインディオたちの情報を参考に、ハイティ島の南東に位置するこの島の探検を試みた。この第二次航海でも、コロンブスは島民を捕え、情報を聞き出そうとした。すると「人喰い族」の話が、ここでも展開した。

コロンブスがグァダルーペ島の海岸沿いに航海していると、集落を見つけた。そこに近寄ると人々は逃げていった。そこで数名の隊員を内陸部に派遣したところ、男性二名と数名の女性たちを連れてきた。二人の男は、彼らがボリケン(プエルト・リコ)島で暮らしていたところ、カリベに襲われこの島に連れてこられ、食される運命にあったことを、身振りや手振りを交え語ったという。また女性たちには、望んでやってきた土地の者たちと、捕虜になっていた者たちがいた。捕えられた女性たちが語るには、ここの島の男たちはほかの島に攻め入り、女性たちを捕まえてき、家事に従事させたり、妾にしたりするという。さらにこの島民は信じられないほど残忍で、彼らの子どもでも、彼女たちが産んだ者は喰ってしまい、自分たちの妻に生まれた子どもだけを育てるという話を聞かされた。また彼らは男の子を捕えてくると、その局部を切ってしまい、彼らが大きくなるまで使い、そして祭典の際に彼らを殺して喰うという[コロンブス 1965:86]。

以上は、コロンブスの第二次航海に参加した医師ディエゴ・アルバレス・チャンカが残した記述である。またラス・カサスの『インディアス史』にも、同様な記述がみられる。コロンブスと出会った人々が、彼らの身の保全をコロンブス一行に訴え、コロンブスの船でボリケン島に運んでくれるよう頼んだのであろう。コロンブス自身は、第二次航海でカニーバの住む島々を襲撃し、彼らを壊滅することを唱えていた。しかし、彼は彼女たちのこうした話をただちに受け容れず、島民たちとの関係の悪化を懸念して、彼女らを一度集落に帰したと、ラス・カサスは記している[ラス・カサス 2009:93–94]。

女性たちは、もとの島に帰るため、ふたたびやってきてカリブ人の残忍さを訴え続けたという。そこでコロンブスは、彼女ら六名と同時に収容した子ども三名を船に乗せ、第一次航海で到達したハイティ島に向かった。チャンカの記録によると、次の日一行は島を見つけ、岸に近づいた。しかし、船中のインディオの女性たちから、この島はカリブ人が住民を滅ぼしてしまったので、今は無人島になったと聞かされ、立ち寄らなかった。次の日、サン・マルティン島に着いた一行は、耕作地のあとがみられることから、かなりの人々が居住していると判断し、上陸した。一行は数名の女と少年を捕えたが、彼らによると、彼ら自身もこの地で捕虜になったのだという。船中の女性たちは、この島がカリブ人の島だと語った。捕えた者たちを船に乗せようとしていると、この島の住民たちがカヌーで近づいてきた。彼らをカリブ人と聞かされていた一行は、彼らを捕まえようとした。カヌーに乗った四名の男と二名の女らは、弓で激しく抵抗した。しかし、結局彼らは捕えられた。チャンカは、カリブ人がそのほかのインディオに比べ、髪が長く、目と眉を黒くし、形相が凄いとしている[コロンブス 1965:87–90]。

捕えられたカリブ人とされたインディオたちも、自分たちの身の保全を訴えて、コロンブスに金の豊かな島を教え、その案内役をかってでた。しかし、その島は、すでに過ぎ去ってしまった島であり、先を急ぐ一行は、その訴えを聞き容れなかった。十一月十四日、一行はサンタ・クルス島に到着した。ラス・カサスによると、一行は島の様子を聞こうとして女四名と子ども二名を捕えたため、島民と戦闘状態になったという。交戦したインディオたちを捕えた一行は、彼らのうちの一人が去勢されていたことを見たという。コロンブスの仲間たちは、カリブ人がその男を去勢し太らせ、あとで食するつもりであったのだろうと考えた[ラス・カサス 2009:99]。

コロンブスと島民たちとのあいだで、「人喰い族」が話題となったのは、両者の秩序が大崩れしなかったこの段階までであった。十一月二十二日にハイティ島に着いた一行は、やがて第一次航海のおりに迎えられた首長グアカナガリーと再会した。コロンブスは、先の第一次航海の際にグアカナガリーのもとに残したスペイン人が、仲間割れや島民との抗争により死滅したことを聞かされた。これに対しコロンブスは、確固たる拠点づくりにかかった。まず金が採れると見込まれたシバオの探索を進め、そこに金を見つけ、開発作業にとりかかった。また全貌がわかっていなかったキューバ島の探索を、一四九四年四月より進め、さらにジャマイカ島も訪れた。しかし、彼がハイティ島を離れているあいだに、部下たちがインディオたちから食糧や婦女子を強奪し、さらにインディオに労働を強制させたため、彼らの反抗を受けた。加えて強力な単一の支配者のいない、比較的平準的な社会を形成していたこの地域において、コロンブスとグアカナガリーとの接近は、従来のパワーバランスを崩しかねなかった。ラス・カサスの記述によると、グアカナガリー以外のこの島の四名の有力首長は協力して、キリスト教徒たちをこの島から追い出す、あるいは抹殺しようとしたという［ラス・カサス 2009：219］。

これに対しコロンブスは、戦闘態勢を整えた。双方のあいだで衝突が起きた。一四九五年の前半、四名の首長の一人カオナボは捕えられ、命を落とした。またコロンブスと抗争したもう一人の首長グアリオネクスも、捕えられ三年間の監禁ののち、一五〇二年スペインに送られる途中で死去した。配下のインディオは殺戮《さつりく》されたり、捕えられて船でスペインへ送られた。もはやコロンブスに従属することしか、インディオには生きる道が残されていなかった。共通の敵「人喰い族カリブ」は、意味を喪失した。

カリブ人が、実際に「人喰い族」だったかどうか、定かでない。安定した生活環境にあった人々が、突然襲撃を受け捕えられると、予測不可能な境遇が待ち受ける。その恐怖が喰われる話に発展するケースは、他地域でもしばしばみられる。またコロンブス一行がどれだけ島民たちの言葉を理解できたか疑問であり、コロンブスの思い込みが強く反映されたことも否定できない。ただし、そうした思い込みも、交流の結果生まれてきたものであった。コロンブスの事例は、捕えられた案内人をとおしてであったが、人喰い話が現地人と外来者との関係を維持するために生じ、それが崩壊すると、その話も意味をなくしたことを物語っている。

その後の第三次航海(一四九八～一五〇〇年)と第四次航海(一五〇二～〇四年)の記録にも、初めて訪れたベネズエラ沿岸やニカラグア付近で「人喰い族」の話が登場する。ベネズエラ沿岸では、一行は住民と言葉が通じず戸惑ったが、内陸部で金が採れることを聞き出した。しかし、人々から内陸部に人喰いがいるので、行かないよう説かれたという「コロンブス 1965:158–159］。またニカラグア付近では、銅山がたくさんあると聞かされたが、言葉が通じない住民の「厭な」顔つきから、コロンブスは彼らを「食人種」とみなした。第一次航海の場合と同じく、貴重な産品を求めた外来者と地元民の秩序がせめぎ合う状況下で、「人喰い族」の存在が浮上したのである。

他方、この時期のハイティ島では、インディオと武力を行使する外来者との共存が困難な状況を迎えていた。同島は、スペインの初期の植民地活動の拠点となり、金の採掘が進められた。一五〇三年に一定地域の住民をスペイン人植民者の管轄に委ねるエンコミエンダ制が施行され、島民は植民者の使役に服すことになった。過酷な労働とヨーロッパ人の持ち込んだ病気のために、島民の人口が激減した。それを補うためにプエルト・リコ島の住民が駆り出された。またこの島自体でも金が見つかり、スペイン人が押し寄せ、住民は酷使され、ハイティ島と同様の結果を招いた。さらにバハマ諸島の島民や、カリブが住むとされた小アンティル諸島の住民も駆り出された。「人喰い族カリブ」の言説が、スペイン人に彼らを奴隷とすることを正当化させた。この結果アラワク人もカリブ人とされた人々も、十六世紀にほぼ絶滅した［増田 2009:61–64］。「カンニバル」（人喰い）という言葉だけが、ヨーロッパ人のあいだで独り歩きし始め、その後この語が地域を越えて広く用いられることになるのである。

マゼランの航海と人喰い風聞

大航海時代に「新世界」やアジアに乗り出したヨーロッパ人の多くは、香辛料貿易とキリスト教布教に高い関心をもった。香辛料の主要産地の一つであった東南アジアには、この時代東西世界から多数の商人が来航した。そこでは、現地社会と外来者を仲介する水先案内人や通訳さらに外来者と接触する現地人女性が、重要な役割を担った。一五一九年にスペインを出発し二一年十一月にモルッカ諸島に到着したマゼラン艦隊の場合も、例外ではなかった。ここでは、円滑な交流を進めようとした仲介者の介在により、人喰い話が発展したことを検討する。

マゼラン艦隊は、最初に世界一周航海をなしとげたと語られることが多い。しかし、彼の本来の目的は、ポルトガルが一五一一年のマラッカ占領後の翌年モルッカ諸島へ到達したことに対抗し、西回りでそこに至るルートを確立することであった。ポルトガルはすでに、丁子《ちょうじ》(クローブ)の産地テルナテ島さらにナツメグの産地バンダ諸島に到達し、住民と交易関係を形成していた。マゼラン自身はポルトガル人で、ポルトガル領のマラッカに滞在した経験をもつ。ポルトガル当局と交易方針をめぐり対立した彼は、スペイン王室に相談をもちかけ、国王カルロス一世の支援を得ることができた。二七〇～二八〇名の乗組員よりなる五隻の艦隊を組織したマゼランは、西回りで大西洋を横断し、モルッカ諸島のティドーレ島を目指した。この島は、ポルトガルがすでに到達したテルナテ島と隣接し、ライヴァル関係にあった。その道のりは、長期に及ぶ航海となり、未知の場所を数多く経ねばならなかった。

マゼランはこの航海に、マラッカやブラジルでの滞在経験をもつポルトガル人ジョアン・カルヴァリョや、かつてマラッカにいたスマトラ出身の奴隷らを連れていた［生田 1998:77-84］。一行は同年十二月に、ブラジルの港（のちのリオ・デ・ジャネイロ）に到着した。この地は、すでにポルトガルの勢力下に入っていた。一方、コロンブスのもたらした情報は、マゼラン一行にも影響を与えた。艦隊に同行しその記録を残したアントニオ・ピガフェッタは、ブラジルの人々の家を「ボイーオ」、ハンモックを「アマーカ」、首長を「カシーク」と、コロンブスの伝えたアラワク語で説明している［ピガフェッタ 1965:496,500］。

ピガフェッタの記述に「人喰い族」の話が最初に登場するのは、水先案内人であったカルヴァリョが語るブラジルのトゥピナンバ人の事例であった。すでに一五〇〇年にポルト

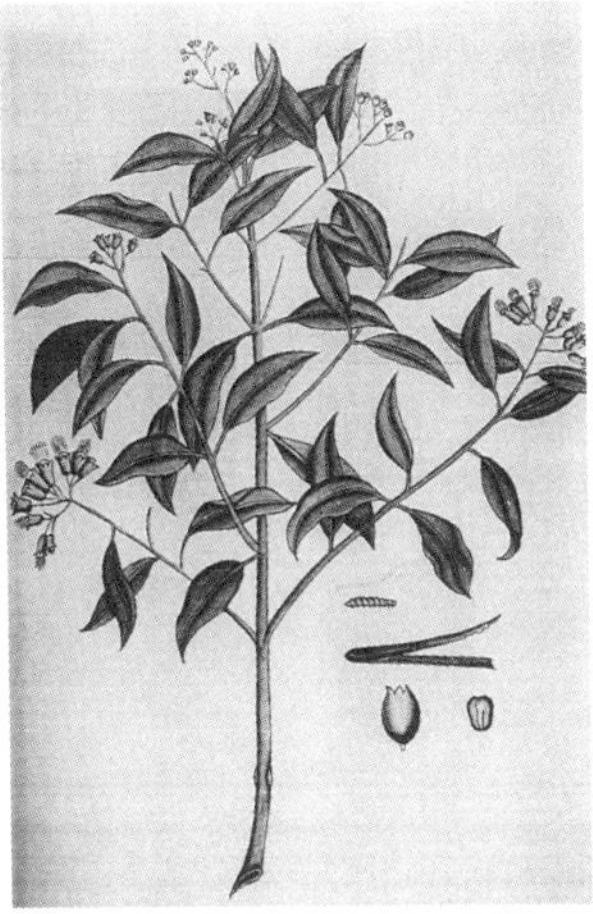

丁字の枝　花蕾や花弁，花梗や果実を乾燥させて香辛料や薬に用いた。19世紀に描かれた図。

テルナテ島から見たティドーレ島

ガル人カブラルがブラジルに漂着した。また十六世紀初めにアマゾン川以北の地に到達したアメリゴ・ヴェスプッチは、その地の人々が裸で生活し人喰い習俗をもつことを紹介した。こうしたなかで、ブラジル沿岸部では赤色染料や高級家具材となるブラジルの木（パウ・ブラジル）が見つかり、現地人とのあいだで金属製品と取引する貿易が盛んとなった。ヨーロッパ人は、交易活動のために、「人喰い」とされた人々と共存せねばならなかった。カルヴァリョの話をピガフェッタは、以下のように記している［ピガフェッタ 1965：497-498］。

原住民は、男女ともにわれわれ同様からだつきがととのっている。かれらは仇敵の肉を食う。しかしこれは美味というよりもただ習慣によるのである。仇同士がたがいに相手を食うというこの風習はつぎのようにしてはじまった。ある老婆が一人息子をもっていたが、この息子が敵の部族から殺された。それで数日後に、この老婆の仲間が、息子を殺した部族の男を一人捕虜にして老婆のいるところへ連れてきた。老婆はその捕虜を見ると息子を思い出して、まるで狂犬のようにその男に飛びかかり、背中に嚙みついた。捕虜はやがて脱走することができた。そして仲間たちに背中の傷を見せて、自分が食われそうになった模様を話した。その後、かれの部族が敵の部族のものを捕虜にしたとき、そいつらを食ってしまった。こんどは食われたほうの一族が食ったほうの一族を食い、こうしてこの風習が生じたのである。ところですぐに食ってしまうのではない。まず各自が一きれずつ切りとって家に持ちかえり、燻製にする。そして八日目ごとにこれからひときれずつ切りとり、仇敵のことを忘れないためにほかの食物といっしょに焼いて食う。

トゥピナンバ人の好戦性と、仇敵の肉を食うことが慣習となったことの説明である。きわめて具体的な内容であり、おそらくカルヴァリョが、現地人から聞いた話をもとにしたのであろう。

一方、マゼラン一行は、この地に食糧補給のため一三日間停泊したが、とくに現地人との係争に巻き込まれることはなかった。むしろ現地人は、彼らがもっていない金属製品の手斧か短刀一本と交換に、一人か二人の娘を奴隷として提供し、一行の生活の便宜をはかった。また、彼らの滞在用に、大きな家を建ててくれたという。ピガフェッタは、この地の女性が働き者で、裸で暮らしながらも性的規範がしっかりしており、妻となった女性はどんな代償があろうと、夫を辱めるようなことはしないし、夫は妻のそばを離れることがないとしている。カルヴァリョと現地人女性の仲介により、双方の秩序を乱すことなく交流がおこなわれたのである。

そこから、のちにマゼラン海峡と名づけられる太平洋への出口に至るまでの地域は、彼らが初めて訪れる場所であった。一行はその後、ラプラタ川に着いた。ピガフェッタには現地人が、巨人で牛のような大きな声をあげる動物的存在に映り、彼らを「カニバリ」とみなした［ピガフェッタ 1965:502–503］。しかし、誰もその地の言語が理解できなかったため、現地人との交流は進展しなかった。

その後一行はマゼラン海峡に至り、海峡を抜けるために、島民を二名捕え、案内役とした。しかし、五隻のうちの一隻が、遭難して沈没した。また海峡を抜ける際に、マゼランに不満を抱いた一隻が艦隊を離脱した。マゼラン一行は、海峡を抜け、太平洋に乗り出した。海は穏やかであったが、多くの乗組員が壊血病になり、捕えた案内人も亡くなった。ラプラタ川住民の場合と同じく、そこでは人喰い話を展開させる関係をもつにまでいたらなかった。

弱者の武器

太平洋横断に三カ月と二〇日要したのち、一行は一五二一年三月にフィリピン諸島のサマール島に到着した。ここから目指すモルッカ諸島に至る海域は、彼らにとって初めて航行する場所であった。そこでは現地の水先案内人が重要な役割を担うこととなり、そのもとで人喰い話が展開された。

東南アジアにくると、連れてきたスマトラ出身の奴隷らが通訳となった。彼らの話すマレー語は、当時の東南アジア海域世界の商業共通語であった。ただし東南アジアの慣習に通じた通訳は、マゼラン一行が現地勢力に対して高圧的になったり、通訳の存在価値を軽視すると、一行と現地勢力とのあいだの亀裂を増大させうる立場にあった。

一行は、サマール島周辺の有力者のマザーナ島の王に迎えられ、その案内のもとに、食糧の補給のためフィリピン諸島の中央部に位置するセブ島に向かった。セブでは、マザーナ島の王の仲介のもとに、一行はセブ王と交流できた。当時の東南アジアには、東西世界の商人が来航していたため、外来者を迎える慣行が成立していた。ピガフェッタの記録は、一行がセブ王の歓迎を受け、王妃や太子とも交流でき、また現地の女性とも交わりをもったことを記している［ピガフェッタ 1965:547–566］。当時の東南アジアでは、逗留する外来者に現地人女性との同棲を斡旋する慣行が広く存在し、彼女らは地元の商業活動に関与していた［Reid 1988:162–166］。

しかし、交流の進展とともに、マゼランはスペイン王への服属を現地住民に押しつけ始めた。その一環として、人々にキリスト教を説いた。これに関心を示したセブ王をはじめ八〇〇名の現地人が、キリスト教に改宗したという。ただしマゼランは、現地人の改宗に際して偶像の破棄を求めるなど、強圧的態度を示した。そして携帯した武器の優越性を、しばしば誇示した。セブ王とスペイン艦隊との交流は、この地域のパワーバランスを乱す恐れがあった。また次第に高圧的になるマゼランに、反感をもった者も少なくなかった。さらに通訳の奴隷は、密かに出身地に帰る機会をうかがっていた。

マゼランは、セブ王のキリスト教への改宗の返礼に、王への服属を拒んだ隣のマクタン島の首長ラプラプを、武力で屈服させようとした。しかし、二〇日間近い逗留のなかで、一行の情報はまわりに流れていた。ラプラプは、マゼランの動向を察知し、マクタン島で彼らを迎え撃った。小型のカルベラ船三隻を率いて出かけたマゼランは、火器が使えない浅瀬の海岸での戦闘に巻き込まれ、一五〇〇人以上からなる相手側の攻撃のなかで、四月二十七日に命を落とした［ピガフェッタ　1965：568–570］。きわめて周到に準備されたラプラプの攻撃であった。

マゼランの戦死後、一行は通訳の態度やセブ王関係者と接触した乗組員の話から、セブ王との信頼関係が崩壊し始めたことを察知した。ピガフェッタによると、通訳はセブ王に

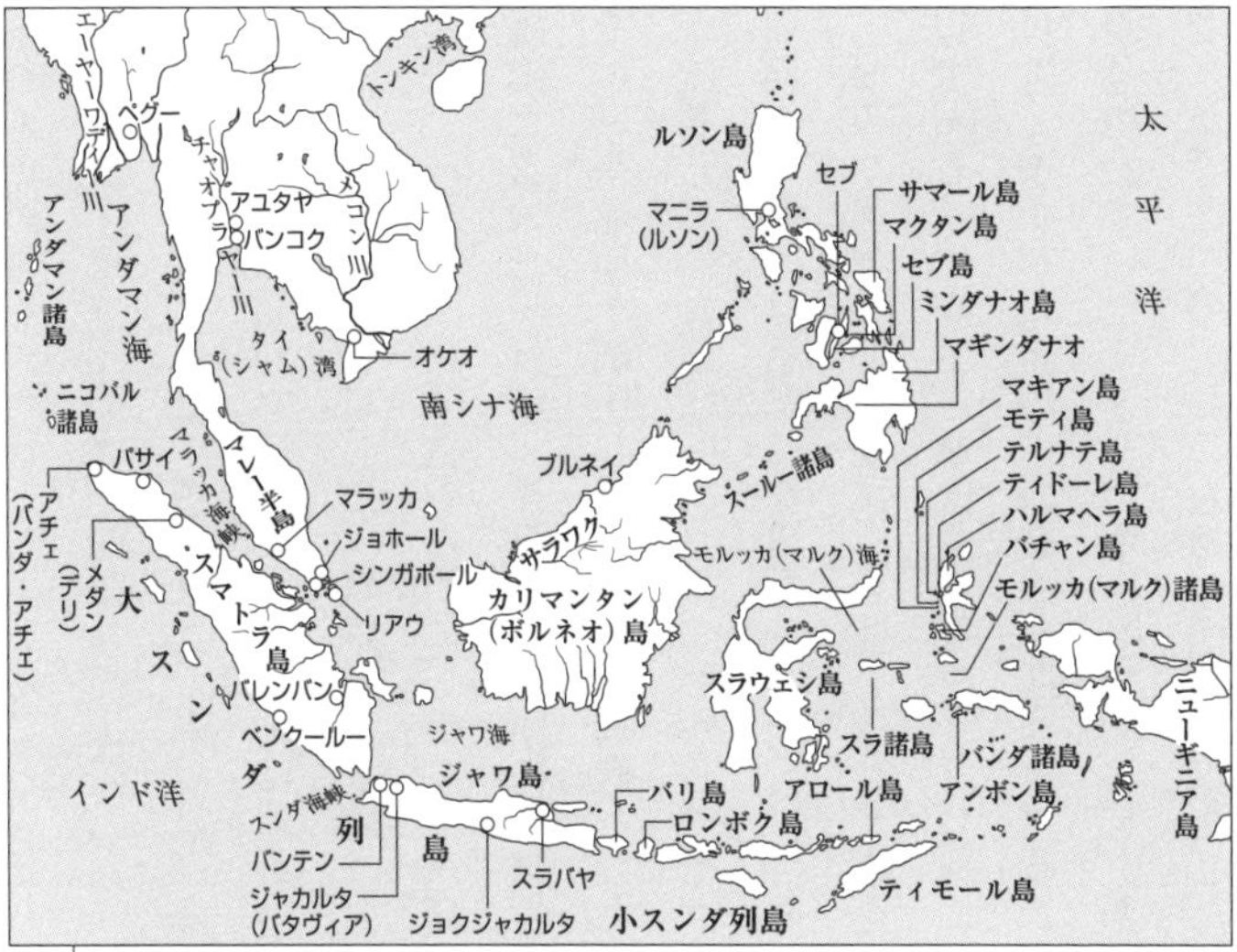

東南アジア

マゼランとの戦闘跡に立つ
ラプラプ像

一行がその地を去ろうとしていることを知らせ帰艦すると、以前より快活になったという。五月一日、セブ王の太子の招きで上陸した一行のうちから、喚声と悲鳴が聞こえた。艦隊が火器で対抗すると、縛られた一乗組員が海岸に盾として出された。通訳以外すべてが殺されたと彼は語った。ピガフェッタは通訳の陰謀が実行されたと判断した。一行は、セブ島をただちにあとにした。艦隊は三隻のうち一隻を、乗組員不足から放棄せざるをえなかった。一行は食糧補給のために、ボルネオ島のブルネイに向かった。ブルネイ滞在中、小艦隊となった一行は、接近する船団に襲撃の危機を予感し、現地人と抗争状態に陥った。その結果船団を制圧し、乗組員を捕虜とした。のちに述べるが、ブルネイ周辺は食人風聞が流布していた地域であった。しかし、セブにせよブルネイにせよ、倒すか倒されるかの局面で、食人は話題にならなかった。

ピガフェッタの記述に「人喰い族」がふたたびでてくるのは、目指したモルッカ諸島周辺である。ブルネイを去り南部フィリピンのミンダナオ島に至った艦隊は、マギンダナオ付近でモルッカ諸島への航路を探った。そこを通りかかった一隻の船を拿捕《だほ》した一行は、乗り組んでいたミンダナオ島のマギンダナオ王の弟から、島々への航路を聞き出すことができた。ここで、この人物の情報は重要となってくる。ピガフェッタは彼から、ミンダナオ島の内陸部の河川流域に居住する毛深い種族は、勇敢な戦士であり、短刀で戦い、敵の心臓を果汁をつけて生のまま食うことを聞かされた［ピガフェッタ 1965:600］。力づくで捕虜にされたマギンダナオ王の弟は、通訳をとおして自らの影響下にある種族が勇敢な戦士であることを説き、身の保全を一行に訴えようとしたのであろう。

こうして一行は、ついにモルッカ諸島のティドーレ島に到着することができた。一五二一年十一月のことであった。スペインを発って、すでに二七カ月が経過していた。一行は、テルナテとライヴァル関係にあった同地のスルタンより歓迎された。彼らは、求めていた丁子(クローブ)を入手できることとなった。少人数となった一行は、キリスト教を説くことはなく、むしろスルタンの提言に従い、ブルネイでの抗争で捕えていた女性三名と、ムスリム男性を除くほかの捕虜たちを引き渡した。さらにスルタンの求めに応じ、一行は船中で飼っていた豚を殺し、代わりに山羊と鶏の提供を受けた。

また二隻で到着したスペイン艦隊は、うち一隻を浸水のためにやむなく、放棄せざるをえなくなった。そこで、最後の一隻に可能な限りのクローブを積み込むこととなった。この船は、ライヴァルのポルトガル船との遭遇を避けながら東南アジア海域を航行し、インド洋を経て本国へ向かうことになった。モルッカ諸島をはじめとする東インドネシア海域は、島々が多いため暗礁がいたる所にあり、潮流も複雑で、かつテルナテとティドーレの勢力範囲が交錯していた。この海域を初めて航行する彼らのために、ティドーレのスルタンは、水先案内人を二名つけてくれた。

ここにおいて水先案内人の語りは、きわめて重要になった。モルッカ諸島の海域で、テルナテの勢力下の島々を通過する際、「食人種」の語りがたびたび登場した。一行は十二月にティドーレ島から南下し始め、同様にクローブを産するモティ、マキアン、バチャンの島々を通過した。これらの島々にティドーレは勢力を扶植していた。次にテルナテの影響下にあったスラ諸島にまでやってきた。ピガフェッタは、スラ諸島東部の島について、「この島の住民は異教徒《ジェンティーレ》であり、王を持たない。人肉を食い、男も女も裸のままで、二ディト〔指二本〕ほどの幅の樹皮の布切れで恥部をかくすだけである。このあたりの島の多くに人食い人種が住んでいる」（〔　〕内は引用者。以下同）と記す〔ピガフェッタ 1965：647〕。一行は、これらの島々に沿って航行したが、上陸していない。「人食い人種」の話は、いうまでもなく水先案内人の情報にもとづく。

さらに南下を続け、同じくテルナテの影響下にあったアンボン島にやってきた。ピガフェッタ一行は、この島に食糧補給のため立ち寄らざるをえなかった。当時この島の内陸部でもクローブの栽培が進展していた。ティドーレの水先案内人は、内陸に一行を行かせたくなかった。海岸部で食糧補給をしたピガフェッタは、「モロ〔ムスリム〕は海岸ちかくに、異教徒は島の奥に住んでいる。異教徒は人肉を食う」と記している〔ピガフェッタ 1965:649〕。

こうしてモルッカ海域を抜けた彼らは、白檀《びゃくだん》を産するティモール付近のアロール島にやってきた。アロール島もテルナテの影響下にあった。しかし彼らは、そこで嵐に巻き込まれ、食糧補給のためこの島に立ち寄らざるをえなかった。ピガフェッタには、先に通り過ぎたスラ諸島の島民のイメージがよぎったのであろう。彼は、「この島の住民は未開でまるで野獣のようだ。人間の肉を食い、王はいない。すでに述べた人々のように、樹皮の布切れをつけるだけで裸のままである」と記す〔ピガフェッタ 1965:651〕。ただし、一行は喰われそうになったわけではない。島民に少し贈物をやると、すぐ仲良しになったという。

モルッカ諸島や東部インドネシアの島々の人喰い族の話は、その後も宣教師フランシスコ・ザビエルなどの記録に登場する〔ザビエル 1994:53;早瀬 2003:103〕。テルナテとティドーレの両勢力が複雑に交錯した海域であり、また大した武器を有さなかった島民は、香辛料や白檀を求めて頻繁に来航した外来者に捕えられ、奴隷として売りさばかれる危険につねにさらされていた。近年のアロールの人喰い風聞をめぐる研究は、彼らのあいだの首狩り慣習や邪術（ウィッチクラフト）によって喰われたとする風聞が、島民＝人喰い族とするイメージに発展したことを示唆している［Hägerdal 2010］。人喰いの話は、東部インドネシア地域の島民の呪術信仰の一端であり、同時に外来者を近づけにくくする「弱者の武器」でもあった。水先案内人の語りは、こうした状況下で展開したのである。

ピガフェッタ一行は、ティモール島で食糧補給をしたのち一五二二年二月十一日に出発し、ジャワ島とスマトラ島を右に見ながら、インド洋を横断した。ポルトガル船と出会うことなく五月六日に喜望峰を迂回《うかい》し、九月六日スペインのサン・ルカル港に帰港した。この間、寒さと食糧不足から多くが病死し、生存者は一八名のみであった。しかし、艦隊の航海は最初の世界一周航海として、こののち記憶されることになったのである。

異文化交流と通訳

ブラジルの「人喰い族」については、ヴェスプッチが紹介して以降ピガフェッタの記述が示すように、すでにヨーロッパ人のあいだで話題になっていた。ブラジルでは、先に触れたように赤色染料および高級家具材としてブラジルの木が見つかり、ヨーロッパで需要を呼んだ。ポルトガル人は、この地域で植民地活動を開始し、インディオにビーズ、織物、刃物などを与え、ブラジルの木の巨木を切り出させた。その後、フランスもこれに参入し、一五三〇年頃には、ポルトガルの独占的な地位を脅かし始めた。これに対しポルトガルは、入植者に一定の土地の領有を認め、その相続人に相続させるカピタニア制を一五三〇年代中頃に導入し、入植を奨励した。ポルトガルとフランスは、海上と陸上で相手を駆逐しようと抗争した。そのために両者は、インディオの部族間抗争も利用して、彼らを味方に引

ブラジルの木

き込もうとした[山田 2000:130–132]。

当時沿岸部のインディオは、トゥピー・グァラニー語族に属した。ポルトガルは同語族のトゥピニキン人と、フランスはトゥピナンバ人と同盟関係を形成した。一五六七年にポルトガルがフランスを駆逐するまで、双方のあいだで抗争が続いた。一五五〇年代前半に約一〇カ月間トゥピナンバ人に捕えられたというドイツ人ハンス・シュターデンの『真実の物語』(五七年)や、五五年から五六年初めにブラジルに滞在したフランス人アンドレ・テヴェの『南極フランス異聞』(五八年)、さらに五七年から五八年にかけて同地に逗留したフランス人ジャン・ド・レリーの『ブラジル旅行記』(八〇年)は、トゥピナンバ人の食人を含む生活慣習を記したヨーロッパ人の貴重な記録である。

彼らの食人の記述をめぐって、アレンズは、ヨーロッパ人が伝統的な南アメリカのインディオ文化に食人の慣習を確立した典型的な事例として、頼りにならない一つの証言をもとにして、それがほとんど逐語的に、目撃譚と称するほかの文献に繰り込まれたのであろうとする[アレンズ 1982:38]。また三者のトゥピナンバの食人儀礼の記述に、パンとぶどう酒をキリストの肉と血とみなす聖体拝受の観念が強く影響していることや、女性を含め人々が集団で参加することを示し、ヨーロッパ人の価値観との根本的違いを強調した視点が反映されていることが、先行研究で指摘されている［Whitehead and Harbsmeier 2008 : Lestringant 1997 : 68–74］。いずれも、ヨーロッパ人のトゥピナンバ人観を検討するうえで、貴重な指摘である。こうしたヨーロッパ人の見解形成に少なからぬ影響を及ぼしたと思われる、通訳や現地人女性の役割をとおしてこの問題を検討してみたい。

通訳は、外来者の異文化社会との接触の初期段階において重要な役割を担う。テヴェとレリーは、その滞在期間が三カ月弱と一〇カ月と違いはあるが、ともにその地に一〇年間前後居住したフランス人の通訳たちの協力を得ている。通訳は彼らを村の首長や長老に紹介し、彼らから指示された女性たちがその滞在の面倒をみた。こうした交流をとおして、二人はトゥピナンバ人の戦争や捕虜の処刑と食され方を見聞したという。

テヴェやレリーさらに一五六五〜七〇年頃ブラジルに滞在したポルトガル人ペロ・デ・マガリャンイス・ガンダヴォによると、戦争の原因はインディオの復讐心にあるという。相互の戦闘による人命の損失が、さらなる戦争の引き金になった。テヴェによれば、敵対する集団と戦うために、六〇〇〇のトゥピナンバ人が集い、ときにその数は一万〜一万二〇〇〇人にもなるという［テヴェ 1982 : 311］。また、レリーも、同様な数の男たちが集合すると述べている。こうした数は、目撃して簡単に計算できない。いうまでもなく、通訳を介しての首長や古老の語りである。

レリーは、そうした出陣に際して、長老が以下のような演説をおこない、人々を鼓舞する話を記述している〔レリー 1987:210-211〕。

> わしらのご先祖様方は、あれほど勇敢に戦い、しかもあれほど多くの敵を屈服させ、殺し、食ったのじゃ。わしらがまるで女みたいにおどおどして、年中家に引込んでいて良いものか、ご先祖様がそんな模範を残されたじゃろうか。わしらの部族《ナシヨン》は、昔あらゆる部族から恐れられていたものじゃ。奴らはわしらの前から消えて失くなったものじゃ。それをまあ何という恥さらしじゃ、何たる不面目じゃ、今や敵共は意気揚々と、わしらを家の中まで探しに来るばかりの勢いじゃ。一体こんなことがあって良いのじゃろうか。マルガジャと《ペロ＝アンガイパ》(Peros-engaipa)〔ともに彼らと敵対する部族〕、この碌でなしの連合軍に、先を越して襲われるような、そんな臆病虫でどうするのじゃ……

このような調子で、次々に登場する老人たちの六時間余りも続く語りに、聴衆は次第にがぜん勇気に満ちてくるという。なお老人たちが、レリーと通訳がいたことを意識していたことは付け加えるまでもない。

トゥピナンバ人の戦闘　敵対する集落を攻撃する。

シュターデンが描く食人儀礼

こうして人々が出陣する際には、女性も寝床のハンモックや食糧を運ぶために加わるという。いよいよ敵地に近づくと、女性たちを後方に残し、勇猛果敢な連中が、森のなかに隠れ、敵の不意を襲おうと待機する。一方、敵方も奇襲を警戒しているため、しばしば両軍のぶつかり合いとなる。そこでは、持参した弓矢が放たれ、白兵戦になると棍棒が使用された。レリーが目撃した戦闘は、トゥピナンバ側が勝利し、マルガジャの男女三〇名以上を捕虜にした。彼らが捕虜を連れて凱旋する道中では、同盟した村々の人々が、踊ったり跳ねたり手拍子を打って、歓声をあげたという［レリー 1987 : 220］。

テヴェとレリーさらにシュターデンは、トゥピナンバの捕虜の処遇、処刑され死体が解体される様子を記述している。いずれも、それが大勢の人々が参加しておこなわれる儀式であり、参加者全員で処刑者を食することを述べる。村に連れ帰られた捕虜の一人か二人が、その対象となる。彼らは引取手により、彼の妹や娘を妻として与えられ、身のまわりの世話をしてもらう。その後捕虜はいよいよ殺されることになる。この儀式のために、周辺の村々にその日を通知し、遠方の友人たちを呼び集める。テヴェによると、出陣の際に集まった数とほぼ同じ、一万～一万二〇〇〇人にものぼる人々が集うという［テヴェ 1982 : 323］。

これに対し、食される当人は、堂々と儀式に臨むという。彼は鳥の羽を付けて正装させられ、綱かヨーロッパ人の持ち込んだ鎖で縛られ、引きまわされる。テヴェによると、その道中で彼は、「おれの仲間のマルガジャス人たちは善良で戦いに強いぞ。敵どもを大勢捕えて食ったのだぞ。その敵どもはいずれ好きな時におれの肉を食うだろうよ。だがおれも、ここでこうしておれを捕えている奴らの親兄弟や仲間を殺して食ったのだぞ」と歌い、死に対して超然としているという［テヴェ 1982:322］。レリーも、捕虜になった者が敵の衆人環視の真っ直中で死ぬことを幸福と考え、死をものともしないとしている。

宴会ののち、綱で縛られた処刑予定者が、広場に引き出される。処刑の執行者も美しい鳥の羽で飾り立て、棍棒を持つ。捕虜は綱で身動きできないようにされる。そして棍棒が振り下ろされ、一撃で捕虜は死亡する。捕虜が死ぬと、女性たちによって皮がはがされ、死体は細かに切り分けられ、内臓も取り出される。肉が切り刻まれ、火であぶられ、内臓も焼いたり煮込んだりして調理された。なお棍棒を振り下ろした処刑者は、その日のうちに群衆から離れ、引きこもる。その後、胸や腕や腿《もも》や脹脛《ふくらはぎ》などに、獣の歯で血が出るほどの切り傷をつけてもらい、大いなる名誉とする。こうした傷跡が多ければ多いほど、大勢の捕虜を殺したということで、一層の武勇の士として尊敬されるという。

調理された肉は、全員に配られる。頭は取って勝利の印として、村ごとに保存される。テヴェによると、それは竿《さお》の先に吊るされ、彼らは、敵対するポルトガル人の頭を吊るすと、特別な喜びを感じるのだという[テヴェ　1982：324]。またレリーによると、フランス人が彼らを訪問すると、彼らはまず自分たちの武勇を延々と語り聞かせ、肉の落ちた頭蓋骨を戦利品として見せながら、どんな敵に対しても同じ目に遭わせてやると宣言するという[レリー　1987：230]。

多分に理念化された食人儀礼の説明であり、先行研究が指摘するとおり、そこにテヴェやレリーさらにシュターデンの、トゥピナンバ人の野蛮性や残忍性を強調するバイアスが反映されていることは、否定できない。また、その儀礼に人々が集団で参加することを強調し、ヨーロッパ人の価値観との違いを際立たせようとする姿勢も指摘されるとおりである。ただし、そうしたスタンスの検討のみでは、片づけられない重要な問題が存在するように思われる。それは当のトゥピナンバ人が、ヨーロッパ人に何を語ろうとしたのかという問題である。

彼らを取り巻く環境は、緊張が増大していた。トゥピナンバ人は武器の劣勢により、ポルトガル人の奴隷狩りの脅威にさらされていた。また彼らは、ポルトガルと同盟関係にある集団との対立関係が深まっていた。こうしたなかで、フランス人にその存在感を示すために、武勇を美徳とし、毅然として敵対者に臨むことを、むしろ積極的に語る必要があった。テヴェやレリーの食人をめぐる記述に、当人たちが実際に目撃したものが反映されていたとしても、通訳を介したトゥピナンバの首長や古老の語りが、それに大きな影響を与えたことは否定できない。

通訳たちも、同盟関係にあるトゥピナンバ人との仲介役の重要性を心得ていた。レリーは、トゥピナンバ人が捕虜を食しているときに、彼とも喜びを共有するために、人肉を差し出されたという。彼はそれを断ったが、通訳は受け取ったと述べる［レリー 1987：232］。

右の点〔差し出された人肉を食することを断ったこと〕について、大変残念ながら私は、かの地に八、九年も住み着いているノルマンディ出身の数人の通訳が、彼ら地元民に調子を合わせるために、神など認めないような生活を送って、人妻や娘相手にあらゆる放縦卑賤な振舞いに身を汚し（私に滞在中に会った一人は三つになる男の子を儲けていたが）、それのみか、残酷非情な振舞いにおいても現地民を凌駕し、捕虜を殺して食ったとしたり顔で自慢するのを耳にしたことがあると、ここに述べざるを得ない。

かつて通訳たちに案内されてトゥピナンバ人のもとを初めて訪れたレリーは、村人たちが彼の歓迎のために、数時間前におこなわれた食人儀式の残りの骨付き肉を差し出してくれたことに狼狽《ろうばい》した。その際、通訳は村人たちと歓談していたので、レリーは通訳がトゥピナンバの人々に彼を食するよう働きかけたと思い込んだという[レリー 1987:279-281]。レリーには、通訳とトゥピナンバ人の関係が、自分とよりもはるかに親密に思えたのである。

外来者と現地人の文化的差異が大きいほど、通訳は存在感を増す。トゥピナンバ人の有力者たちと接触した通訳は、彼らの意向を来訪者に伝えることを託された。テヴェとレリーには、通訳を介して特化された現地社会が示されたのである。

食人儀礼と現地人女性

女性は、ピガフェッタ一行のブラジルやフィリピンのセブ島滞在において、外来者を現地生活に馴染ませる一方で、マゼランに死をもたらす情報提供者ともなりえた。蒸気船の航海が普及する十九世紀の終りまで、ヨーロッパ人の海外渡航は、ほとんどが男性単身者によるものであった。外来者にとって、現地で生活の便宜をはかってくれる女性の存在は貴重であった。こうした女性は、一方で現地人有力者の傘下にあり、他方で外来者とも関係した。ただし、どちらの側も彼女を一元的にコントロールできないため、外来者にはこうした女性がしばしばミステリアスな存在となった。食人儀礼をおこなうトゥピナンバ人のもとに滞在した場合には、なおさらであった。

テヴェやレリーの記述によると、ヨーロッパ人のブラジルにおけるインディオとの交流に、女性が重要な役割を担ったことが明らかである。すでにピガフェッタの記述で、リオ・デ・ジャネイロのインディオが、手斧や短刀などと交換に女奴隷を提供したことを述べた。男性のヨーロッパ人来訪者に、トゥピナンバの人々は自らの娘たちとの結婚を勧めた。前近代の交流史の観点からすると、外来者に地元女性との擬似結婚や同棲を奨励する慣行は、東南アジアや東アジアさらにオセアニアなどで広くみられた。一方、そうした慣習をもたなかったヨーロッパ人にとって、それは新鮮に映った。

テヴェは、「結婚前の娘を、父親も母親も、ほんのわずかなものと引き替えに、行きあたりばったりの男に差し出すのである。とくに、先ほども述べたように、かの地に渡ったキリスト教徒たちに、もしお気に召したらどうぞといって娘を差し出したがる」と述べる［テヴェ 1982:331］。またレリーは、結婚した女性が夫以外の男性と性的関係をもつと、彼女は恥知らずとされ離縁されるが、「もっとも娘の結婚前には、その父親や肉親はさして難色を示すことなくどんな男に対しても娘を夜伽《よとぎ》の相手として差し出す習慣だから、前にも触れたようにノルマンディ出身の通訳たちは、われわれがかの国へ行くよりも以前に、あちこちの村で娘たちを慰みものにしたのだが、そのためにその娘たちが破廉恥な女として指弾されることはなかった」とする［レリー 1987：265–266］。テヴェは、フランシスコ会の修道士であり、レリーはブラジルから帰国後カルヴァン派の牧師になった。キリスト教の教義に反する正式結婚前の男女関係のおおらかさが、二人に鮮明な印象を与えたのであろう。

彼女たちは、外来者の接待役であった。テヴェは以下のように記している［テヴェ 1982：329–330］。

あなたが彼らのもとに行くと、彼らはあなたの滞在中、身のまわりの世話をしてくれたり、そのほか何でもあなたの欲することをしてくれる娘をさし出してくれるであろう。その娘はいつでも好きなときに返してかまわない。彼らはいつもそのようにしているのである。彼らの土地に行くと、ただちに彼らは、彼らの言葉でこう話しかけてくる。「もしもし、私に何をくれますか。あなたに私の娘をさし上げます。美人ですよ。粉を作ったり、そのほか何でもして、お役にたちますよ」と。

接待をとおして、トゥピナンバの男たちはヨーロッパ人の持つ金属製品を、女性たちは手鏡やガラスの数珠玉などを欲しがった。同様の記述は、マガリャンイス・ガンダヴォにも

来訪者を迎えるトゥピナンバの女性　泣いて歓迎するのが習慣で，来訪者もそれに応えている。

『真実の物語』に描かれている処刑予定者を嘲弄する女性たち

みられる［マガリャンイス 1984：296］。ブラジルのインディオに広くみられた慣行であった。

こうした交流をとおして、ヨーロッパ人はインディオ女性を妻妾《さいしょう》とした。彼らのあいだに、ポルトガル語でマメルーコと呼ばれる混血者が誕生した。ヨーロッパ人と現地人妻妾やマメルーコは、奴隷とともに海岸部の拠点に居住した。インディオの妻妾は、家事や育児を担うとともに、ヨーロッパ人に言語や現地の慣習を教え、現地社会を仲介する重要な存在であった［山田 2000：139］。

比較的長期にわたり滞在し、トゥピナンバの女性たちに日常生活を支えられたシュターデンやレリーは、食人儀礼においても女性が重要な役割を果たすことに注目する。

シュターデンはポルトガル陣営の砲手であったため、トゥピナンバ人に捕えられ、食される候補であったと『真実の物語』は語る。彼はトゥピナンバ人の村に連行され、その時を待たねばならなかった。当初彼の髭《ひげ》を剃《そ》ろうとした女性が彼の同棲候補者だったかもしれないが、彼はそれを拒んだ。その後のシュターデンの面倒は、彼を捕えた集団の女性たちがみた。のちに彼は、フランス船のもたらしたヨーロッパ製品との交換により解放されたが、一度は食される危機に陥ったという。

喰われるために面倒をみてもらったシュターデンは、食人儀礼における女性たちの役割を生き生きと描く。それによると、処刑のために重要な棍棒の装飾を一人の女性が担当しながら、それを取り巻く大勢の女性たちが歌を歌うという。処刑される捕虜の化粧も、同様に多くの女性たちが歌うなかでおこなわれる。いよいよ処刑者が中央に引きずり出されると、女性たちが彼のまわりを走りまわり、喰うぞと脅す。一人の女性が棍棒を彼に見せるために、喜びの声を上げながら、走りすぎる。処刑後男たちが彼を解体すると、四人の女性たちが人体の四片を取り上げ、それを持って家のまわりを喜びの声を上げながら走りまわるという[Staden 2008 : 131–137]。シュターデンには、彼女らが死に導く存在と思われたのである。

また接待役の女性との性的関係まで容認するトゥピナンバの慣習に疑問を感じたレリーは、トゥピナンバ女性の頭目的存在であった老女たちをまるで魔女のようにみなしたことが指摘されている[Whitehead and Harbsmeier 2008 : xxxvii]。老女たちは人肉のうまさを熟知し、儀式の参加者に「早く始末してしまえ」と、うるさくせっつくという。捕虜の処刑後、彼女らは「こういう結構な食物をいつも欠かさないよう頑張っておくれ」と、男たちに発破をかけた。彼女らは、解体した人肉を火であぶりながら木製の支柱伝いに滴る油を集め、「指先を舐《な》め舐め」しながら、「うまいのう」と言ったと記している[レリー 1987 : 227–228]。

現地人女性は通訳と同様に、現地社会との重要な仲介役であった。彼女らは地元出身であるため、ときとしてより直接的に現地社会に影響力を行使することができた。十七世紀の北米で先住民との抗争で捕えられたイギリス人ジョン・スミスの命を身を挺して救ったとされる族長の娘ポカホンタスや、『ビルマの竪琴』の「人喰い族」に食されようとした水島上等兵を助けた酋長の娘の話［竹山 1983：140–146］などは、こうした背景から生まれてきたといえよう。これに対しシュターデンやレリーには、トゥピナンバの女性たちがその対極的存在に映ったのである。いずれにせよその生活を支えた女性が、外来者の当該集団に対するイメージ形成に少なからぬ影響を与えたことはいうまでもない。

こうして形成されたトゥピナンバ人の食人儀礼は、絵図を交えてヨーロッパで出版された。ヨーロッパ人の多くは、この慣習を野蛮で残忍なものとみなしたが、他方でそれをとおして自らの価値観を見直す試みも生じた。後者の例としてモンテーニュの『随想録』をあげることができる。モンテーニュは、トゥピナンバ人にヨーロッパ人が語るような野蛮なものの未開なものは何もないとし、ヨーロッパ人が自らの慣習にないことを野蛮とみなすことに警鐘を鳴らした［モンテーニュ 2005：178–182］。彼は、トゥピナンバの戦争方法について、彼らが新しい領土征服のために戦うのではなく、勇気を示すために戦争をおこなうものととらえる。彼らが敵と戦い勝利しても、その財産を奪わないし、捕虜も不屈の勇気をほんの少しでも譲るくらいなら殺されて喰われたほうがましであると考えていることを引合いに出し、彼らの戦争がヨーロッパ人より高貴であり、高邁であるとする。異文化集団との共存が生み出した見解であった。

一方、先で触れたようにポルトガルはフランスとの競合にその後勝利し、一五六七年にブラジルからその勢力を追放した。また十六世紀の後半になるとブラジルの木が枯渇し始め、代わって一五三〇年代に導入されたサトウキビ栽培が本格化した。それとともに、労働力の主体は少人数で逃亡しやすいインディオから、アフリカ出身の奴隷に移った。また沿岸部のインディオ社会も、一五五九〜六三年にヨーロッパ人が持ち込んだ天然痘や麻疹《はしか》などにより、大幅な人口の減少を招いた[金七 2009:41]。残ったインディオたちも、感染と奴隷狩りを恐れて内陸部に逃げ込んだ。ヨーロッパ人と現地人が共存した時期に発展した食人の語りも、後退を余儀なくされたのである。

第3章

人喰い風聞と共存する交易者

北スマトラの食人風聞の台頭

東南アジアも、アメリカ大陸やアフリカさらにオセアニアとならんで、食人風聞が比較的広く流布した地域であった。すでに紹介した北スマトラやモルッカ諸島周辺、そのほかのちに述べる東アジアからの入口のボルネオ島などが、そうした場所であった。アメリカ大陸と異なり、東西世界と古くから交流した東南アジアは、「人喰い族」とされた当事者たちと周辺集団や外来者が共存しつつ、その風聞が二十世紀初めまで長期にわたり展開した。なぜそうした語りが長期にわたり流布したのか。そうした習俗が古くから存在した可能性は否定できないが、それが外来者によって検証されたのは十九世紀であった。ここでは、交易活動を進展させつつ、多様な来訪者と内陸民を棲《す》み分けさせた港市の役割をとおして、この問題を考えてみたい。

熱帯気候のもたらす豊かな産品を産出した東南アジアでは、沿岸部の河川河口付近に、内陸部の商品を集荷し、外来商人と取引する港市が古くから各地に台頭した。二～七世紀の扶南《ふなん》の外港のオケオ、七～十一世紀のシュリーヴィジャヤの王都パレンバン、十五～十七世紀のパサイやマラッカ、アチェ、バンテン、ジョホール、アユタヤ、ブルネイなどは、その代表である［弘末 2004：9–35］。産地住民と強固な関係をもったこれらの港市は、多くの東西世界の商人を引きつけた。港市支配者の権力基盤は、産地住民と外来商人とを仲介することにあり、食人風聞の展開は、内と外を媒介した港市の役割と緊密に連関したように思われる。

東南アジアにおける食人風聞は、古くから流布していた可能性がある。二世紀のプトレマイオスの『地理書』には、バルサイの島々に食人をおこなう住民が居住することや、『梁書《りょうしょ》』（七世紀前半）には扶南に服属する毗騫《ぴさい》国にその風習が存在したことが記されている。『地理書』のバルサイを北スマトラのバルス（当時は西海岸の港市バルスに限定されず、広く北スマトラを指した）に比定する見解があり、また毗騫国を扶南の後背地、あるいは北スマトラとする説がある［Gerini 1909：427–429；Heine-Geldern 1959：361–405］。ただし、いずれも定かな位置はわからない。

周辺世界との交流が活発になると、東南アジアの入口付近で食人風聞が展開し始める。五世紀初め頃にモンスーンを利用した航海が確立した東南アジアでは、以降東西世界との交流が活性化した。インドから来訪者が増え、さらに七世紀終り頃よりムスリム商人が来航し始めた。インド洋から東南アジアへの入口に対する関心が高くなり、とりわけアッバース朝下で九世紀に交易活動が活性化すると、彼らの情報量が増えた。九世紀中葉に著された『中国とインドの諸情報』によれば、ラムニという島があり、金や、ファンスールで極上の龍脳《りゅうのう》が産出され、人々は人喰いであるという［中国とインドの諸情報 1 2007：28–29］。このラムニは、北スマトラのランブリに比定され、ファンスールは、現在のバルスに比定される。同じく九世紀中頃のイブン・フルダーズベの記述でも、ファンスールで良質の龍脳が産出され、そこに人喰いが住むことが述べられる［Tibbetts 1979：28］。

また北スマトラ周辺の島々でも、同様な話が登場する。『中国とインドの諸情報』は、アンダマン諸島の島民が、給水のため立ち寄った船をときどき襲い、乗組員を食すると述べている。そのほか、スマトラ西海岸のニアス島では、男が結婚するためには、敵の男一

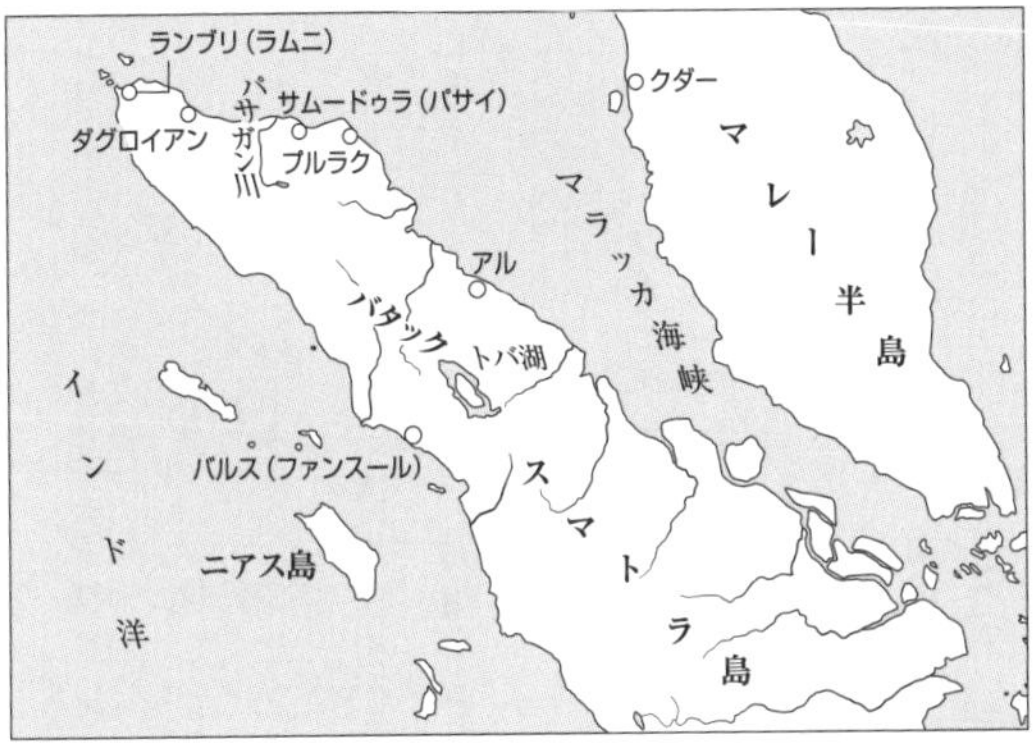

近世前夜の北スマトラ

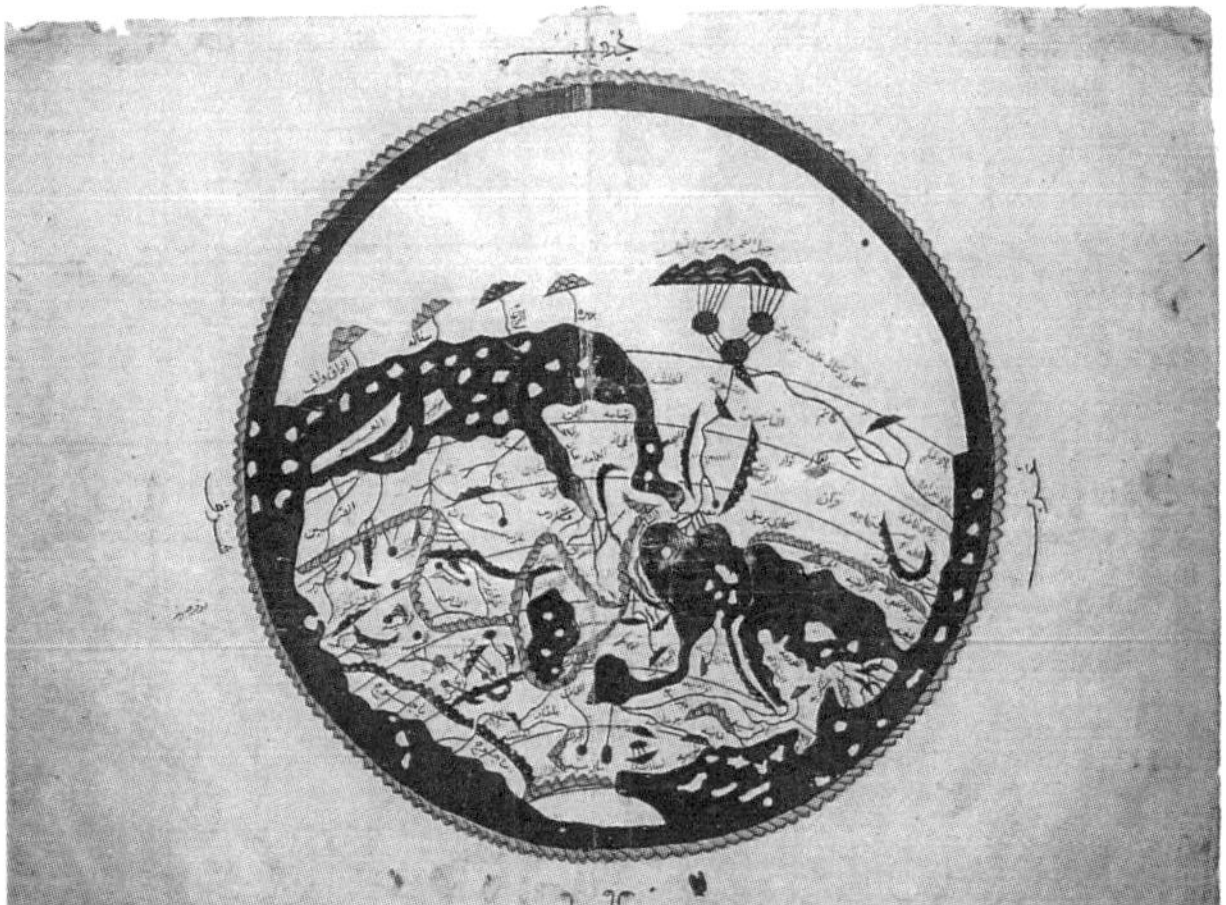

12世紀にアラブ人イドリーシーが描いた地図　南が上に描かれ，アフリカが上部に位置している。

人の首を納めねばならないと語られている［中国とインドの諸情報 1 2007：28–30］。十世紀のブズルク・ブン・シャフリヤールの『インドの驚異譚』では、さらに人喰い族の居住地が広がる。それによると、ラムニやファンスール以外に、ニアス島やマレー半島のクダーさらにクダーの対岸の島々にも、人喰いが居住するとされる［ブズルク・ブン・シャフリヤール 2 2011b：21–25］。

西アジアから東南アジアに来航する商人は、西アジアから直接にせよ、モルディヴや南インド経由にせよ、四〜十月の時期に吹く南西モンスーンに乗ってこの地域にやってくる。北スマトラやマレー半島西岸さらにその周辺の島々は、彼らが東南アジアにアクセスするための入口にあたり、北スマトラは金や良質の龍脳を産する交易上重要な場所であった。しかし、ラムニやファンスールあるいはニアスやクダーを経てマラッカ海峡に向かおうとすると、しばしば強い西風に吹き寄せられて、予期せぬ港市以外の場所や離島に漂着した［家島 2011：387］。難破すると、積荷は住民に没収され、乗組員は奴隷とされる危険性があった。外来者にとって、周辺地域に影響力を行使できる港市支配者との関係構築が、欠かせなかった。

旅行者や商人は港市に来航すると、まずその支配者に接見した。内陸民と直接接触する港市支配者やその関係者の話は、来訪者の関心を呼ぶ。『インドの驚異譚』はその一例として、ファンスールを訪れたことのあるアブー・アル・ハイルから伝えられた話として、その地のバータク(バタック)人の首狩り習俗の話を残している[ブズルク・ブン・シャフリヤール 2 2011b:258]。

彼らにとっての財産、彼らの蓄えや彼らの所有物となる(価値のある)ものは首狩りをして刈った人間の首(頭蓋骨)であり、……多くの首を持っている者が高貴な家柄として、より尊敬され、より勇気があり、より高い尊崇が得られる。しかも、彼らの男性は二〇個の首を持つまでは、結婚できない(のが慣わしである)。

バタックでは、後述するように植民地支配に服するまで、戦争捕虜や罪人を処刑して食し、その首は大事に保管された。そうした習俗が九〜十世紀にも存在したかもしれない。

ただし、こうした奇習の風聞は、外来者を北スマトラから遠ざけたわけではなかった。ファンスールにせよニアスやラムニにせよ、これらの港市はその後も外来商人にとって重要な寄港地であった。十二世紀のアラブ人イドリーシーは、ニアスには大きな港町があり、ラムニは肥沃な土地を有し水が良質で、寄港地として適していることを述べている[Tibbetts 1979:52]。またファンスールが東西世界の商人を引きつける良質の龍脳を得られる港市であることは、十三世紀の『諸蕃志《しょばんし》』、さらにマルコ・ポーロの記述からも明らかである［Hirth and Rockhill 1911:193：マルコ・ポーロ 1971:160］。イドリーシーは、ニアス島民に頭蓋骨を集める風習があり、周辺の島民は人喰いであることを合わせて記す。また次に述べるようにマルコ・ポーロは、北スマトラの内陸部に人喰いが存在すると記す。港市に外来者が滞在するなかで、周辺「蛮族」の風聞が流布したのである。

港市の繁栄と食人風聞は、奇妙な連関性を示している。そうした風聞は、港市支配者にとってどのような意義をもっていたのだろうか。

マルコ・ポーロと食人風聞

南宋の時代になると中国船もさかんに東南アジアに来航し、さらにインド洋へも乗り出し始めた。北スマトラのマラッカ海峡側の港市は、インド洋からの船舶とマラッカ海峡からインド洋に向かう船舶の重要な寄港地となった。一二九二〜九三年に元のフビライ・ハンの使節の一員としてペルシアに向かう途中この地を訪れたマルコ・ポーロによると、北スマトラのマラッカ海峡沿岸にプルラク、パスマ、サマトラ、ダグロイアンの港市国家が存在した。このうちもっとも隆盛していたのが、サマトラ（サムードゥラ）王国であった。マルコ・ポーロはサムードゥラに、悪天候のため五カ月間逗留した。『世界の記述』（東方見聞録）のなかで彼は、この地の住民が「未開」であるが、王は勢力が強く富も多大で、元の隷臣であると自称していることを記したあと、以下の記述を残している［マルコ・ポーロ 1971:154–155］。

ところで、マルコ氏とその一行の人々がどのようにしてこの地で五ヵ月間を暮らしたか、その模様をお伝えしよう。この島に上陸して二千人の一行とともに五ヵ月間を送ったマルコ氏は、まず野営地の周囲に大きな濠を掘りめぐらし、島の内陸との連絡を遮断した。これは、人間をすら捕えて食用にあてるという野獣に近い土人を警戒しての措置であった。この濠の両端は港に通じており、濠の上には防壁を施した足場までいの木製櫓を五つ設備した。こうした堡塁《ほうるい》に守られて五ヵ月間の滞在がなされたのであるが、幸いにも付近には木材がたくさんあったから、かかる櫓の造作が可能だったのである。そのうち一行と土民との間に相互信頼が生じてくるにつれ、彼等も次第に食糧その他の物資を売りに来はじめるようになった。

ポーロは人喰い風聞に影響され、港にいわば足止めされた状態であった。やがて人々と信頼関係が生じ、物品の交換が可能になった。ポーロにとって、食人は伝聞の域を脱しなかった。

こうした食人風聞をポーロは、サムードゥラの前に寄港したプルラク（ファーレック）についても記している〔マルコ・ポーロ 1971:151〕。

ファーレック王国の住民は元来すべてが偶像教徒であったが、サラセン〔ムスリム〕商人がこの地にひんぱんに来航するようになって、一部の都邑在住民だけがマホメット〔ムハンマド〕の教えに改宗することになった。山地に住む島民はまるで野獣のようで、肉なら不浄であろうがなかろうが、何でもかまわず食用に供するし、人肉すらも食べるのである。

ポーロはサムードゥラの場合と同様、港市付近に逗留したのみなので、この「山地に住む島民……」の部分は、伝聞によるものである。おそらくプルラクの港市に居住し内陸民とも接触するムスリムの住民が、彼らの食人風習を蔑視感を込めてポーロ一行に語ったものであろう。

ポーロはこのほかにも、サムードゥラの次に寄港したダグロイアンの内陸部に人喰いが存在し、機会さえあれば他国人を生捕りにし、これを殺して食べ尽くしてしまうことを記している。一方、フビライ・ハンの信任篤いポーロをこれらの港市支配者は厚遇し、ポーロは無事これらの港市に逗留できた。彼の記述に、とくに危険な事態に遭遇したという箇所はない。これはまたほかの旅行者においても同様である。九〜十八世紀に北スマトラに

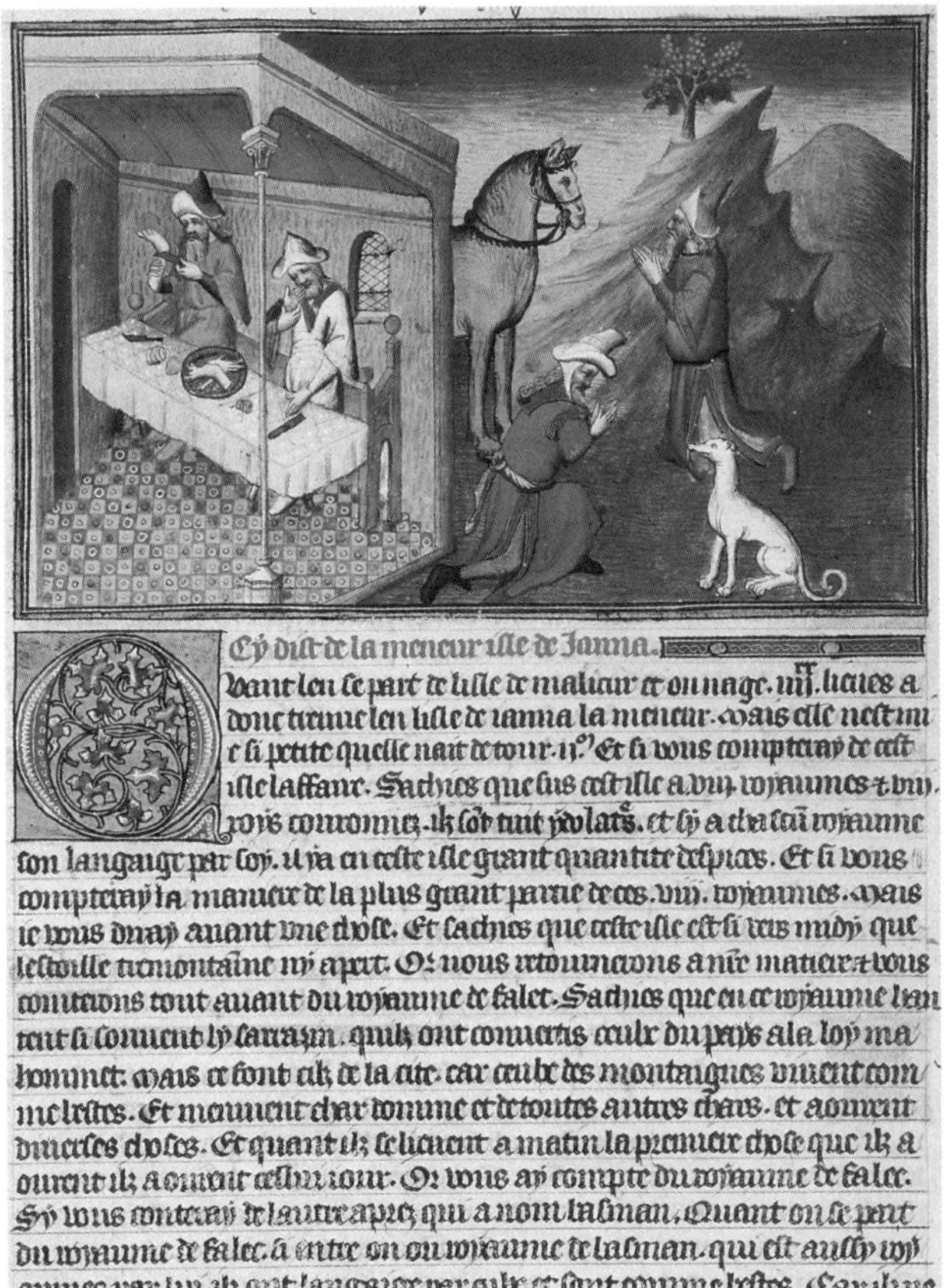

マルコ・ポーロの記述をもとに描かれた人肉嗜食　スマトラ島の住民が家のなかで足や手を皿に盛り人肉嗜食にふけっている様子を描いている。

寄港した外来者の記録に内陸部の食人の風聞がしばしば登場するが、彼らが実際人喰い集団に襲われたという記述はない。すなわち、食人風聞がある一方で、港市支配者は寄港した外来者に対し安全を保障したのである。食人の噂を耳にした旅行者は内陸民と直接接触することに消極的となり、港市支配者を介することを選ぶ。ポーロのように来訪者が港市に滞留する状況下、支配者はほぼ独占的に外来者と内陸民との仲介交易を掌握できた。

同様なことは、同じ頃の中国からの東南アジアへの入口についてもみられる。唐代まで海外渡航に消極的だった中国人も、宋代とりわけ南宋時代になると、南海交易に熱心になった。十二世紀に作成された周去非《しゅうきょひ》の『嶺外代答《れいがいだいとう》』巻三の「東南海上諸雑国」は、東南アジアへの入口の「近佛国《きんぶっこく》」において、麻羅奴《まらぬ》と呼ばれる「蛮族」がしばしば商船を襲い、人々を食し、その頭蓋骨を食器として用いると述べている[周去非 1999:111]。この麻羅奴は、サラワク西北部の地名マラノ、あるいはそこに居住したマラナオ人に比定されてきた。東南アジアへ入るために南下した中国船は、サラワク付近を航行せざるをえなかった。この地域に居住したマラナオ人ら海洋民や内陸部のダヤク人に影響力を行使したのが、ブルネイ王国であった[Maxwell 1996]。この港市国家は、十世紀頃から中国側の史料に登場する。ブルネイは、ボルネオ島の龍脳などの森林生産物を集荷し、またモルッカ諸島の香辛料を入手できる港市であった。ブルネイは、中国船にとって重要な寄港地となった。

北スマトラにせよ、ボルネオにせよ、東南アジアへ来航する外来者がまず立ち寄る港市の周辺で、食人風聞が台頭した。港市以外の地に漂着する危険性が、そうした話を生んだ一因であったことは否定できないが、一方周辺地域に影響力を行使したラムニやファンスール、ニアスやサムードゥラさらにブルネイでは、外来者が風聞を気にしながらも安全に寄港できた。周辺島民や内陸民の奇習の話は、外来者を産地に入らせにくくし、港市支配者の仲介交易を独占的に進展させる無形の武器となった。

では、実際の内陸民はいかなる人々だったのだろうか。また港市支配者は、彼らとどのようにして関係を形成していたのだろうか。

港市の支配者の内と外の顔

港市は外来商人を引きつけるために、産物を搬出してくれる後背地を必要とする。このため港市支配者は、後背地住民としかるべき関係をもたねばならなかった。いかなる原理でネットワークを形成したのか検討してみると、奇習風聞が語り継がれる背景が浮かび上がってくるように思われる。

ポーロが寄港したサムードゥラとパサイ(パスマ)は、パサイ川を挟んで近接したため、その後統一王国を形成した。このサムードゥラ＝パサイ王国については、建国を語る王統記『パサイ王国物語』が存在する。元来宮廷周辺で語られていた伝承が、写本に残されたもので、原型は十四世紀半ば〜十五世紀初めに成立したものと推定される。その内容は、必ずしも歴史的事実から構成されているわけではないが、王国建国の正統性の主張がそこに込められている[Hill 1961:46–58;Jones 1987:1–16]。

王国の創設者ムラ・シルは、竹のなかより生まれた竹姫と象に育てられた男との結婚により、生まれたとされている。竹はその生育の速さから、植物のエネルギーを体現した存在とみなされ、東南アジアをはじめ照葉樹林地域では、竹姫のような竹から生まれた子どもの話がしばしば登場する。一方、象は森の聖なる動物であり、それに育てられた男は、動物を統べる力をもつと考えられよう。この二人を両親としたムラ・シルは、内陸森林世界の動植物の力をあわせもつ存在であった。

『王国物語』によれば、彼は成長したのち、その出自を活かし、環虫《わむし》をゆでて金にしたり、野生の水牛をたくさん捕えて飼いならしたりして、たいへん豊かになった。しかし、彼の評判をねたむ弟のムラ・ハスムと不和になり、住むべき地を求めてパサガン川上流の内陸部を訪れた。その地の有力者ムガット・イスカンダルはムラ・シルを迎え入れ、逗留させせた。ムラ・シルは闘鶏をして時を過ごした。彼は負けると賭けたものを支払ったが、勝っても決して相手に金品を要求せず、やってきたすべての相手に水牛を与えて帰したという。人々は、彼の気前よさと豊かさを評価して、彼が人々の王たる人物にふさわしいと判断した。ムガット・イスカンダルは、ムラ・シルを彼らの王とすることに決めた。

他方、ムガット・イスカンダルの弟マリクル・ナーシルは、これに反対しムラ・シルに戦いを挑んだ。しかし、戦いは多数の支持者を抱えたムラ・シルが勝利し、マリクル・ナーシルは内陸部に逃れた。ムラ・シルはそれでも攻撃の手をゆるめなかった。マリクル・ナーシルが内陸部に拠点を移すごとに、ムラ・シルはその場所を攻撃し、ときに多数の死傷者を出しながら制圧していった。とくに最後は、険しい山岳部での長期にわたる激戦となった。双方に多くの戦死者が出たが、ついにムラ・シルは相手を敗残させた。北スマトラ東岸の内陸部で始まった戦いは、西岸近くまで場所を移していた。敗残者の一人は、バルス(ファンスール)に逃れ、その地の支配者に身を委ねた。人的資源を得たバルス王は、以降パサイ王に臣下の礼を示すことになったという。こうして反対勢力を壊滅したムラ・シルは、人々の支援のもとに海岸部に王国を建国し、その地をサムードゥラと命名した。

しばらくするとサムードゥラの名声は、メッカにも届くようになったという。『王国物語』によると、預言者ムハンマドは、生前メッカの友人に、やがてサムードゥラという国が勃興してくるだろうから、その地にイスラームの教えを伝えに行くように遺言を残していた。当時メッカにいたシャイフ・イスマイルは、ムハンマドの遺言に従い、サムードゥラに向け航海に出かけた。イスマイルは途中南インドに立ち寄り、その地の元王の協力を得て彼とともにサムードゥラに赴いた。

その頃ムラ・シルは不思議な夢を見た。夢に一人の人物があらわれ、ムラ・シルがその人物の指示に従い口をあけると、その人物は彼の口に唾をはきかけた。その唾は、甘くておいしい味がしたという。その人物はムラ・シルに、彼がいまやムスリムになったこと、そしてスルタン・マリクル・サレーと名乗ること、さらに四〇日後にメッカから船が到着するので、その船の人々の教えに従うよう告げた。ムラ・シルが、「あなたはどなたか」と尋ねると、その人物は、アッラーの使い、預言者ムハンマドであると告げたという。しばらくすると、ムハンマドの預言どおり、船でやってきたイスマイルと出会った。彼は夢のお告げどおりにイスマイルの指示に従い、スルタン・マリクル・サレーとして即位した。

以上が建国を伝える部分の『パサイ王国物語』の内容である。サムードゥラ王となったムラ・シルの基盤は、そもそも彼がスマトラ森林世界の動植物の力に与り、その豊かさをもとに内陸部の人々の支持を得、武勇に優れていたことにあったと語られている。これらはイスラーム以前の、スマトラ在来の美徳であった。イスラームに改宗してメッカや南インドと関係を有することは、交易上重要な意味をもつ。以降サムードゥラは、西アジアや南アジアから多数のムスリム商人が訪れ繁栄する港市となり、東南アジア海域世界におけ

スルタン・マリクル・サレーの墓　1297年没と墓碑に記されている。

るイスラームの先進地とみなされた［Brown 1970:92-94］。ただし、来訪するムスリム商人が求めたのは、この港市の内陸部で産出される龍脳や金、さらに南インドより移植された胡椒《こしょう》であった。サムードゥラにとって、これらの商品をもたらす後背地との関係が重要だったことはいうまでもない。

なお『王国物語』は、ムラ・シルが初代スルタンとなったのち、住民のなかでイスラームに改宗したがらない一団が、パサガン川上流部へ逃れていったことを述べている［Hill 1961:59; Jones 1987:14-15］。しかし、王家と内陸民との関係はその後も維持され、パサイの商人が内陸民と交易した。サムードゥラはスマトラを代表する港市として発展をとげ、この島全体がサムードゥラすなわちスマトラと呼ばれるようになり、この港市自体はパサイと呼ばれることが多くなった。港市支配者は、一方でイスラームのスルタンとして外来商人たちと接触し、他方でスマトラ的原理により後背地住民との関係を形成していたのである。

この原理の差異が、外来者に蛮族観を形成させる背景であった。こうした王統記は、宮廷での慶事や来訪者の接待の場において、王家の威光を称えるために語られた。外来者にも通訳を介して紹介された。パサイのスルタン王家は、王に仕えるウラマー（宗教指導者）

によって超自然的存在に位置づけられた。他方外来者にとってパサイの内陸民は、イスラームを受容する前のムラ・シルのように、動植物とのつながりを重んじ武勇を尊ぶ、きわめて野性的で好戦的な存在に映ったのである。

外来者と内陸民

次にアラビア語史料でしばしば「人喰い」が住むと語られたファンスール（バルス）の後背地と、港市との関係を見てみよう。オランダ東インド会社が一六六八年にバルスに商館を構えたとき、この地には海岸部に近接した下バルス王家と少し上流部に上バルス王家がすでに存在した。このうち十六世紀初め頃から十九世紀前半まで存在した下バルス王家は、その後背地に広く影響力を行使していた。下バルス王家の王統記（『トゥアンク・バトゥ・バダン物語』）は、初代下バルス王が内陸部のトバ・バタック人の信仰をもとに君臣関係を形成し、彼らと棲み分けの取決めをしたことを、次のように語る。

初代下バルス王となったイブラヒムは、中部スマトラの港市タルサンの王であった父親と不和になり、故郷の水を瓶《かめ》に入れ同じ重さの水のある場所を求めて、一族を率いて北スマトラにやってきたという。イブラヒム一行は、バルスに到着するまでに、トバ・バタッ

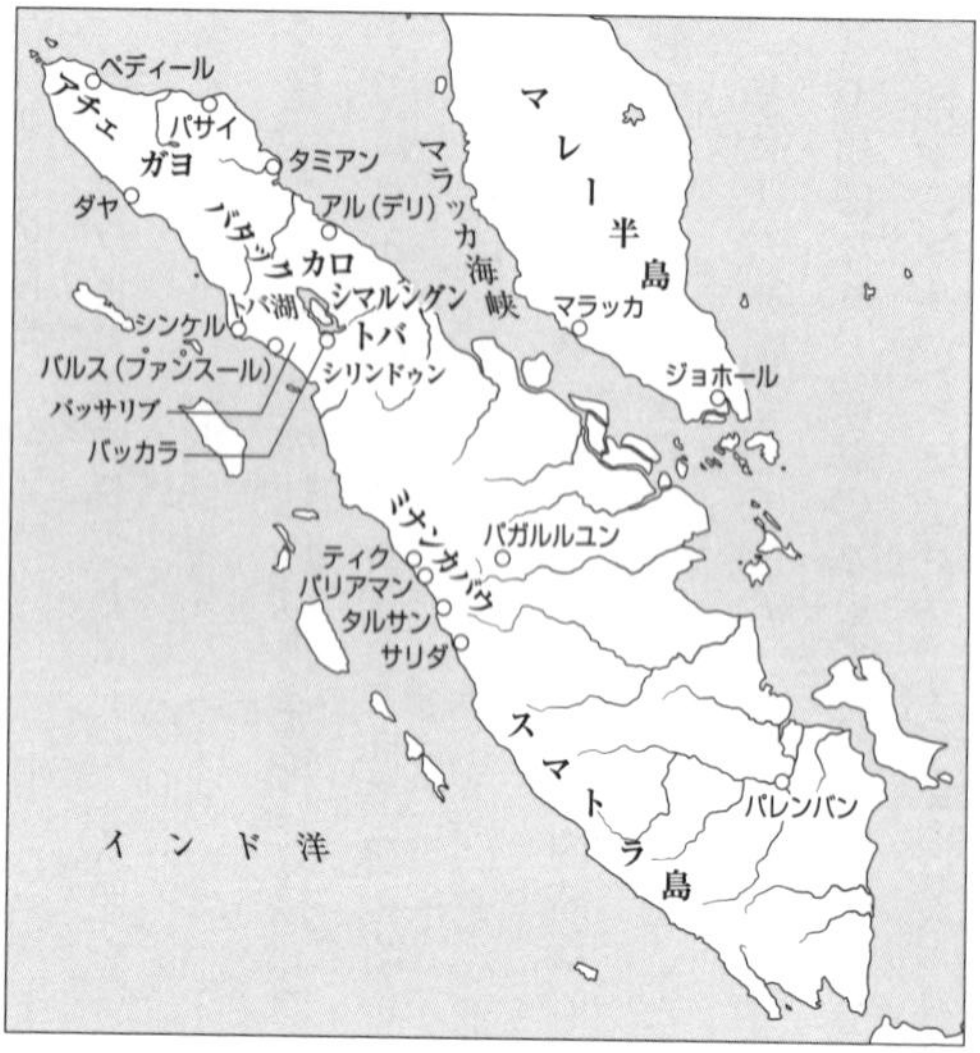

16～17世紀のスマトラ島

ク地域のシリンドゥン、バッカラ、パッサリブに逗留し、その地の人々と特別な関係を形成したことを語る［Tambo 1872:9–16:Drakard 1988:194–202］。このうちシリンドゥンとパッサリブは森林生産物の産地であり、バッカラはこれらの地に食糧を供給するトバ湖畔の稲作地帯であった。バルスは十六世紀前半のトメ・ピレスの記述によると、きわめて繁栄する港市とされており、金、生糸、安息香、龍脳、アロエ、蜜蠟《みつろう》、蜂蜜などが取引されたことが記されている［ピレス 1966：287–288］。森林生産物の輸出港バルスにとって、後背地は重要であった。

最初に訪れたシリンドゥンでは、大勢の臣下を連れたイブラヒムを見た人々が、彼に王となってくれるよう頼んだという。イブラヒムはしばらく滞在したが、その地の水が故郷と同じ重さでないことからこれを断り、代わりにその地に四名の代官を任命し、将来彼が住む地に貢納にくるよう命じた。その際イブラヒムは、もし約束を破ると稲やヤム芋は枯れ、人々は死滅するであろうと警告した。

次に彼が立ち寄ったのは、トバ湖畔のバッカラであった。その地の人々は、イブラヒムがどこからやってきて、何をしにきたのか尋ねた。しかし、イブラヒムは彼らの言葉が理解できず、千(seribu)人の男女を連れて旅しているとだけ答えた。すると人々は、自分たちの氏族もパッサリブ(Pasaribu)であり、一行がその地に住むことを認めたという。ここでも彼は、人々から王となるよう頼まれた。イブラヒムは、人々が彼の信奉するイスラームを受容すれば、王となると答えた。これに対し人々は、ほかのいかなる命にも従うが、イスラームに改宗することは免じてくれるよう懇願した。イブラヒムは了解した。しかし、ここも水の重さが異なった。イブラヒムは、バッカラの女性とのあいだに生まれる息子をシンガ・マハラジャ（シ・シンガ・マンガラジャ）と命名し、彼の代理として尊崇するよう言い残し、将来住む場所に定期的に貢納するように命じた。シリンドゥンと同じく、もし約束を破ると、稲やヤム芋は枯れ、人々は死滅してしまうであろうと警告した。

その後イブラヒムは、バルスに近接する後背地パッサリブにやってきた。バッカラからやってきたパッサリブ氏族であることを話すと、人々から歓迎された。イブラヒムは、その地の市場を管轄する四名の代表者を任命した。その後イブラヒムはバルスに到達し、そこが故郷と同じ水の重さであることがわかり、その地を定住地に決めた。

故郷の水（土を含む）を持参し同じ重さの地をさがす話は、ムハンマドの孫ハサンとフサインのカルバラでの戦死が近いことを知らせるために、ムハンマドに天子がカルバラの土を送ったことに由来する話で、スマトラのムスリムのあいだでしばしば語られた。一方トバ・バタック人たちはイスラームを受容しなかったが、彼らと下バルス王家との結びつきは強かった。シリンドゥンやバッカラ、パッサリブの代理人たちは十九世紀後半にいたるまで、下バルス王家に貢納を送り続けた。人々は下バルス王が、トバ・バタックの伝説上の先祖でバルスの沖の小島に住むとされる外界の神聖王ラジャ・ウティに、貢納を届けてくれるとみなした［Ypes 1932:423-424］。このラジャ・ウティは、トバ・バタック人のあいだでパッサリブ氏族の始祖の兄とされ、トバ・バタックの至高神より翼を与えられ、トバの生地からバルスの沖に飛び去り、以降不老不死になったとされていた。ラジャ・ウティは彼らにとって、インド洋のモンスーンをはじめとする外部世界の力を象徴する存在なのであろう。その貢納を怠ると、農作物は不作となり、人々が死滅すると信じられた。王統記が語るトバ・バタック人のイブラヒムに対する尊崇は、この神聖王への信仰にもとづいたものであった。

バルスもパサイ同様イスラームの盛んな場所であり、マラッカ王国の王統記によると、『パサイ王国物語』に登場したメッカ出身のシャイフ・イスマイルは、サムードゥラに向かうために北スマトラで最初にファンスールに到着し、住民をイスラームに改宗させたとされる［Brown 1970:32］。またこの地は、十六・十七世紀にはメッカで学んだ著名なイスラーム神秘主義思想家を生み出した。しかし、王統記は下バルス王家がトバ・バタック人にイスラームを強要せず、彼らの信仰にのっとり関係を形成したことを語る。周辺沿岸部に競合する港市が存在するなかで、港市支配者にはパサイの場合と同じく、まず後背地住民を引きつけることが肝要であった。なお『トゥアンク・バトゥ・バダン物語』にも『パサイ王国物語』にも、内陸民の食人の話は一言もでてこない。港市にとって、産品をしかるべく搬出してくれるのであれば、後背地の習俗は問題ではなかった。

また下バルス王家の王統記は、イブラヒムがバルスに居を定める際、海岸部に近接したパッサリブの首長とのあいだで、王家の関係者以外の者が内陸部に入った場合はトバ・バタックの住民がこれと闘い、トバ・バタック以外の人々がバルスに下りていったときは、王家がこれと闘うことを誓い合ったとしている。内陸民にとって外来者は、貴重な商品を持ち込むが、病気をもたらし、また優れた武器を背景に人々を奴隷として捕える、厄介な存在でもあった。トバ・バタック人は、バルスに商品を運ぶ代わりに下バルス王家の庇護を取りつけたのである。のちの十七世紀後半のオランダ東インド会社の記録によれば、東インド会社の船舶が来航すると、下バルス王家の指示のもとに多量の安息香や龍脳がシリンドゥンやパッサリブの地よりもたらされたことが報告されている[VOC 1272:1067]。王家は、内陸民と東インド会社や外来商人との交易を独占的に仲介したのであった。

こうして直接的接触を避けようとする異なる文化集団の内陸民や周辺島民が外来者と近接し、しかも港市を介して緊密な交易関係を形成するとき、港市支配者の仲介者としての役割は大きくなる。東西交易において香辛料や森林生産物の需要が高まり、交易活動が活性化する十五〜十七世紀の東南アジアでは、港市支配者の役割が強化されるとともに、外来者の内陸民や島民に対する蛮族観も増大する。

交易活動と食人風聞

近世の東南アジアには、香辛料や森林生産物を求めてこれまで以上に東西世界の商人が来航した。胡椒や金、龍脳や安息香などの産地となった北スマトラも例外ではなかった。パサイ、アチェ、バルス、アル(デリ)などの港市が繁栄した。この時代に北スマトラを訪れたヨーロッパ人やアラブ人たちは、以前にもまして詳しく「食人」を語っている。一四三五年にパサイ(サムードゥラ)を訪れたニコロ・デ・コンティの記述は、その典型である[Nicolò de' Conti 1857:8-9]。

セイロン島からコンティはタブロバナという島にある立派な町へ渡った。その島を地元の人々はシャムテラ(スマトラすなわちサムードゥラ)と呼ぶ。コンティはそこに一年間滞在した。その町の周囲は六マイルで、その島の商品を取引しているたいへん高貴な町である。……そこからコンティは順風に乗り二〇日間航海し、右側にアンダマニアと呼ばれる島を見ながら去った。このアンダマニアは、黄金の島を意味し、周囲八〇〇マイルで、住民は人喰いである。外来者は天候のためやむをえない場合以外に誰もそこに行かない。つかまるとただちにそれらの残忍な人たちが人々を切り刻み、食べてしまうからである。コンティが言うには、タブロバナは周囲が六〇〇〇マイルある。人々はたいへん残忍で、習慣は野蛮である。……彼らは偶像崇拝者である。この島は通常より大きな胡椒および長胡椒、龍脳と金を莫大な量、産する。……この島のBatech〔バテク、バタック〕と呼ばれるところに、人喰いが住んでいて、つねに彼らの近隣の人々との戦いをおこなう。彼らは頭蓋骨を宝物として保存する。なぜなら、彼らは敵を捕えると首を切り落とし、その肉を食べ、頭蓋骨を貨幣の代わりに使うために蓄えるからである。何か物を買いたいときには、一首あるいはより多くの頭蓋骨を支払う。そして家に頭蓋骨をもっとも多く有する者が、一番裕福であるとみなされるのである。

コンティがパサイに一年間滞在し、「人々を切り刻み、食べてしまう」アンダマニア〔アンダマン諸島〕と、人喰いが住み、胡椒と多量の龍脳と金を産出するバタックについて、聞書きしたものである。先の『中国とインドの諸情報』のアンダマン諸島の記述や『インドの脅威譚』のファンスールの「バータク」をめぐる記述に類似した一節があったが、こちらは産品が詳しくなった反面、住民の残忍さがより強調されている。

こうした内陸民や島民の人喰い話を来訪者に信じ込ませたのは、港市支配者やその周辺の人物にほかならない。のちの時代になるが、一八二三年に北スマトラ東岸のデリを訪れたイギリス東インド会社の職員ジョン・アンダーソンは、スルタンに接見したのち、スルタンの兵士を勤めていたバタック人より、彼が七度人肉を食したことを聞かされた[Anderson 1826:34–35]。アンダーソンは、このほか同じく北スマトラの港市バトゥバラを訪れた際にも、王家に仕えるバタック人から人喰いの体験談を聞かされた。また十七世紀終りにアチェを訪れたA・ハミルトンは、アンダマン諸島民がニコバル諸島を毎年攻撃して島の住民を多数略奪していたことを聞かされた[Hamilton 1930:36]。現地に直接足を踏み入れていない段階では、こうした港市居住者の話がきわめて高い信頼性を呼び、旅行者の話題になっていく。コンティはこうした食人風聞により、バタックにもアンダマン諸島にも足を踏み入れなかった。パサイはしたがって、コンティの言葉を借りれば、スマトラのほかの地域やアンダマン諸島の産物を集荷し、外来商人がそこで安全に取引できる「高貴」で「立派な」港市であった。

このバタックと呼ばれた当時の北スマトラ内陸部では、パサイの商人が産物の取引をお

パサイ王宮跡周辺

こなっていたことが、一五一〇年代にスマトラを訪れたポルトガル人トメ・ピレスの記述から明らかとなる［ピレス 1966：289–290］。ピレスによれば、パサイ商人は内陸路を活用してスマトラ西岸のダヤ、シンケル、バルスと広く交易をおこなっていた。これらの港市の後背地にバタック人が居住しており、ピレスもバタック人は捕えた敵の男性を喰うとしているが、彼らはパサイの商人と共存していたのである。

そのほか大航海時代を迎え、来航者が増加したモルッカ諸島でも、食人風聞が発展していた。一五四六年五月アンボンで三カ月近く滞在していたザビエルは、「この地方の島じまでは、他の部族と戦い、喧嘩して人を殺した場合、殺された人の肉を食べます。病気で人が死ぬと、その人の手や踵《かかと》を食べるため、大きな宴会を開きます。この島の誰かが(大きな催しをしたいと思うと)、他の人に年老いた父親を提供してくれと頼み、その代わり自分の父親が年をとれば、あなたが宴会したい時に、自分の父親を提供すると約束するほど野蛮なのです」と手紙に記す[ザビエル 1994:53]。ザビエルは、モルッカ諸島のポルトガル系住民の宗教活動をおもに担当した。彼らから聞かされたと思われる現地住民の野蛮さは、ピガフェッタを凌ぐ。

またブルネイ周辺のボルネオ島も同様であった。ブルネイは、北ボルネオならびに南部フィリピンに影響力を拡大し、十六世紀後半には中国、コーチシナ、カンボジア、シャム(タイ)、フィリピン、モルッカ諸島、スラウェシ、ジャワ、スマトラ、マレー半島東岸諸国と幅広い交易関係を形成した。とりわけ中国人商人には、東南アジアの多様な産物を購入できる重要な港市となった。十七世紀終りにこの地を訪れたハミルトンは、相変わらず中国人が食人風聞に悩まされていたことを伝える[Hamilton 1930:79]。

アチェの食人風聞

食人風聞の存在は、港市と後背地との関係が無秩序で、交易活動がおこなえない状態を表現したものではない。むしろ両者の関係が港市支配者を介して、しっかりと成立していることの表れであるといえよう。こうした北スマトラにおける港市と後背地との関係は、一五二〇年代からのアチェの勢力拡大により、一時的に変容を余儀なくされた。十六世紀の初めに北スマトラ最北端に成立したアチェは、一五一一年にポルトガルが占領し寄港者に高関税を課すマラッカを避けたアジア商人を引きつけ、繁栄し始めた。

アチェは、周辺港市や後背地に攻勢をかけ、産地とのネットワークを強化しようとした。アチェは一五二四年にパサイ、三九年までにダヤやシンケルとバルスも影響下においた。アチェは遅くとも一五三四年までにオスマン朝と直接交易に乗り出し、オスマン朝より、トルコ人兵士と数門の大砲を胡椒の返礼に受け取っていた[Boxer 1969:416–417]。また反ポルトガルを掲げる南アジアのイスラーム勢力のグジャラート人やマラバール人の援軍も得た。一五三九年に当時アチェと戦闘状態にあったタミアンからシンケルにかけて影響力をもったバタック王のもとを訪れたポルトガル人メンデス・ピントは、『東洋遍歴記』のなかでバタック王が苦戦している様を描いている[ピント 1979:37–55]。兵力と火器に勝るアチェは、結局バタック王を敗残させた。またアチェはさらにアル(デリ)を攻撃し、アル王を殺戮《さつりく》した。この時期ピントは、北スマトラ内陸部に足を踏み入れ、バタック王と行動をともにした。混乱期を記す『東洋遍歴記』に、バタックの人喰いはまったく登場せず、そこではアチェ王の残虐さがひたすら強調されている。

その後港市・後背地関係が再形成されると、食人風聞も復活する。アチェは、十六世紀の後半に宮廷内の抗争により短期間の統治者が続いたが、十六世紀の終りから十七世紀前半にいたり、スルタンを中心とする集権体制が確立し、スルタン・イスカンダル・ムダの時代(一六〇七〜三六年)に全盛期を迎えた。彼の時代に編纂された『アチェ王統記』は、イスカンダル・ムダが内陸部の動物や人々を畏服させる力を有したことを唱える[Teuku Iskandar 1958: 144–146, 164–165]。それまでの支配者には呪術を用いて災いをもたらすことのできたバタック人にも、イスカンダル・ムダ以降のアチェのスルタンは彼らの力を超えた神聖王となった。北スマトラ内陸部のガヨ地域とバタック地域のカロおよびシマルングンの地に、イスカンダル・ムダは代官を任命した。彼ら代官たちはその地の住民に尊崇され、定期的にアチェのスルタンあるいはスルタンからその権威を保障されたデリのスルタンに貢納した。さらにアチェは、中部スマトラにも影響力を拡大し、金と胡椒の積出港であった中部スマトラのティク、パリアマン、サリダに代官を派遣し、厳重な管轄下においた。

胡椒取引で繁栄する十七世紀初めのアチェの王都は、トルコやアラブ、ペルシアなどの

再建されたスルタン・イスカンダル・ムダの墓

西アジア出身者をはじめグジャラートやマラバール、コロマンデル、ベンガルなどの南アジア出身者、ペグーやアユタヤ、マレー半島そしてスマトラやジャワ、チャンパなどの東南アジア出身者、さらに中国やヨーロッパからの商人も集うコスモポリスとなった。そうしたなかで一六〇二〜〇三年にこの地を訪れたフランス人フランソワ・マルタンは、王都を離れた場所では、捕虜の手足を切り落とし、苦しみ悶《もだ》えさせ、その肉に胡椒をまぶして食する人々がいることを聞かされた[Martin 1609:53]。また一六二一年にアチェを訪れた同じくフランス人オーギュスタン・ドゥ・ボーリュによれば、「人喰い族」は北スマトラだけでなく、中部スマトラ内陸部にも住んでいるとされている。彼の記述によると、ティクやパリアマンの後背地では、外来者が内陸部に足を踏み込むとただちに捕えられ、胡椒をまぶして食されると噂されていた[Harris 1744 : 742]。港市が隆盛すればするほど、外来者にとって港市を介して映る内陸民は不気味さを増すのであった。

食人風聞は、外来者と後背地住民が直接接触し始めると意味をなさなくなる。十七世紀終りから十九世紀初めにかけて移民を使い胡椒や米の生産活動を進展させたアチェの周辺部では、食人風聞は消滅していった。また十七世紀前半に「人喰い」が居住するとされた中部スマトラでは、一六六三年にアチェによる交易活動の高圧的統括を嫌ったミナンカバウの首長たちが、オランダ東インド会社と条約を結び、直接オランダと金や胡椒の取引にあたることになった[Kathirithamby-Wells 1969]。内陸部住民が外来者と直接交易にあたることとなり、この地域の食人風聞も消滅する。

これに対しバルスやデリは、内陸部と従来の関係を保持した。オランダは前述のように、十七世紀後半にバルスに商館を設けた。しかしバルスでの交易活動は、下バルス王家と上バルス王家の仲介のもとに展開したので、後背地の人喰い風聞はその後も存続した[Marsden 1811 : 388-395 : Bickmore 1868 : 424-425]。またデリ周辺の東岸の場合も同様であった。風聞が十九世紀にも存在したことは、先の一八二三年のアンダーソンの記録が語るとおりである。

第4章

ヨーロッパ人とインフォーマントが創る食人文化

北スマトラの内陸部に進出するイギリス人

北スマトラの食人をめぐる語りは、十八世紀後半にヨーロッパ人が内陸部に進出を試み始めると、新たな段階を迎える。沿岸部を拠点に勢力拡大をはかるヨーロッパ人は、港市住民と棲《す》み分けながら共存してきた内陸民との新たな関係構築が必要となった。バタック人の首長たちが、進出するヨーロッパ人たちの情報提供者となった。彼らを取り込もうとする過程で、ヨーロッパ人の想像を超えた食人話が展開することとなった。

スマトラ島に参入したオランダは、十七世紀の後半から十八世紀の前半にかけて同島西海岸のパダンを中心にサリダ、インドラプラ、パリアマン、ティク、アイルバンギス、バ

内陸部から見たタパヌリ

18世紀のスマトラ島

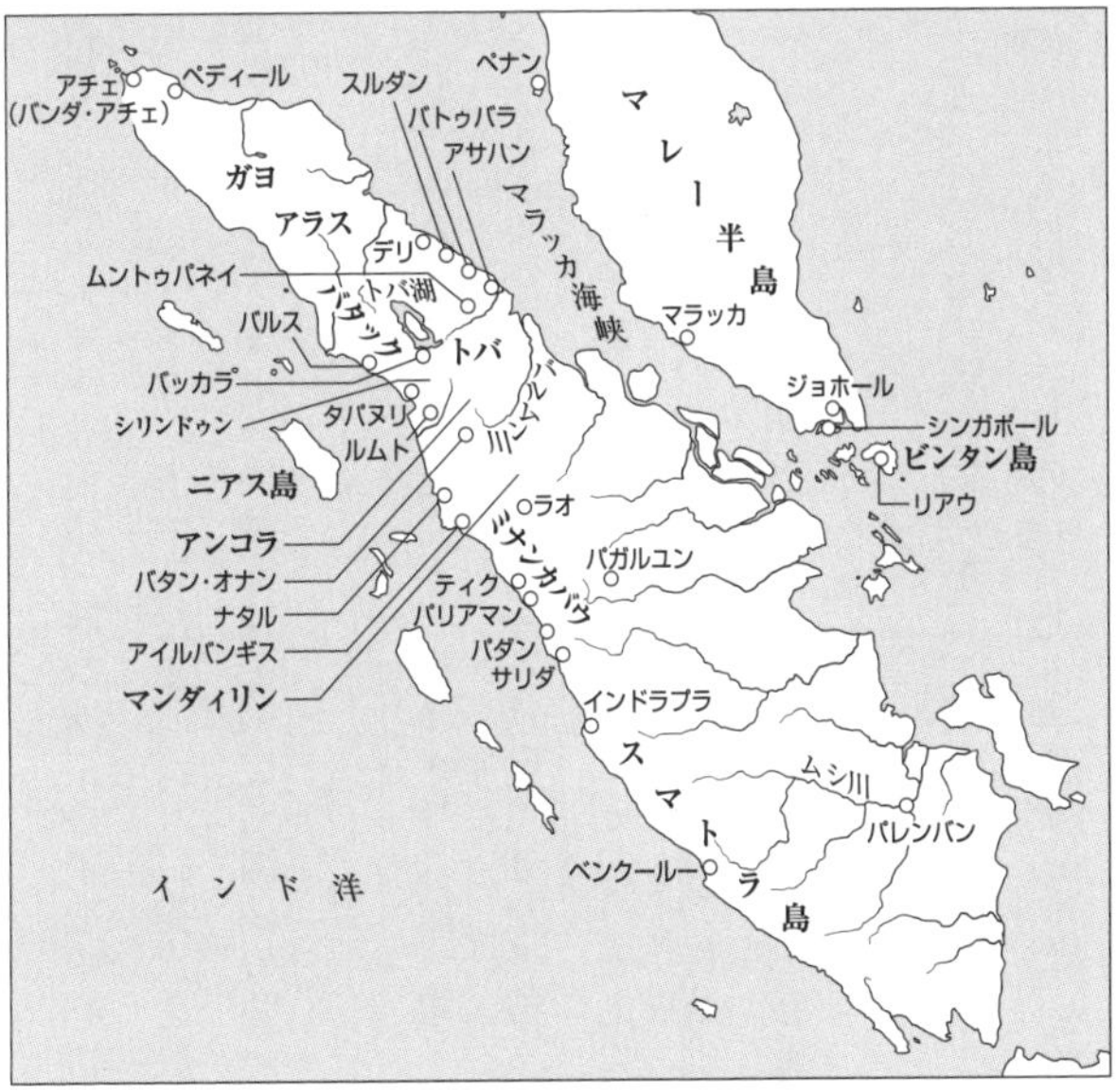

ルスなどで交易活動にたずさわった。もっともオランダは、在来の港市と後背地との関係を基盤にして活動を進めたため、内陸部まで進出しなかった。これに対し十八世紀中葉からイギリスがインドより安価な綿織物を持ち込み、スマトラ西岸のベンクールーを中心に、交易活動を拡大し始めた。イギリスは一七五一年にナタル、五六年にタパヌリに拠点を設け、オランダとの競合を有利に展開するために、北スマトラの後背地との交易関係の強化をはかり始めた[Dobbin 1983:171]。

一七七二年タパヌリの後背地の森林生産物の入荷を進展させたかったイギリスは、東インド会社職員のチャールズ・ミラーとジャイルズ・ホロウェイに内陸を訪問させた。彼らは、当時貴重な交易品となっていたカッシア桂皮の産地との関係の強化をはかろうとした。彼らは内陸民と交易をしていた沿岸のマレー人商人から、タパヌリの北部と南部の後背地よりこの産品がもたらされ、後者のほうが訪れやすいと説明された。両名は、南部の後背地を訪れることとなった。

ただしマレー人商人にとって、外来者と産地住民との直接的接触は、彼らの基盤を侵食しかねなかった。マレー人の案内のもとに、二人はタパヌリの後背地ルムトを訪れた。その地の首長は二人を迎え入れた。首長に接待された村の来客用の家屋に、彼らは頭蓋骨が掲げられているのを見つけた。二人は、それが二カ月前に食した敵のものであるという説明を受けた[Marsden 1811:370]。彼らはそこからバルムン川上流部の森林生産物の集荷地バタン・オナンを訪れた。しかし、その地の首長よりカッシアは、タパヌリでの取引がおこなわれなくなり、この二年間採取されておらず、再開するためには、人々を集め水牛を屠殺《とさつ》して、祝宴を催す必要のあることを説かれた。二人は、その地がカッシアの主要産地ではなく、ガイドにより故意にそこに導かれたことに気づいた。その主要産地のタパヌリ北部の後背地は、当時下バルス王家が影響力を行使しており、外来者が直接接近をはかることは容易でなかった。

イギリス人との接触が始まるなかで、バタック人は彼らの社会秩序を保持するため食人の話を彼らに聞かせた。ミラーは先のルムトの事例のほか、彼がアンコラで立ち寄った村で、二、三日前に食した頭蓋骨が吊るされているのを見せられ、衝撃を受けた。村人たちは、旅人を待ち伏せして襲う人々を捕え、食したという。またホロウェイは、タパヌリを去ろうとする間際になって彼に借財を返済にきたバタック人から、食人の話を聞かされた。それによると、彼の妻と性的関係をもった首長を食する儀礼が三日間続いたため、返済にくるのが間際になったという[Marsden 1811:393]。人々を襲い奴隷として売りさばく行為や姦通に対して、彼らが毅然として立ち向かっていることを説く語りであった。

一方イギリス人も、その処刑の仕方に高い関心を払った。同じくタパヌリやナタルのバタック人の話の記録をもとにウィリアム・マースデンは、処刑者が食される場面を著書『スマトラ史』(一七八三年)に残している。それによると食される対象は、戦争捕虜(とりわけ重傷者や戦死者)と姦通者などであった。軽傷や無傷の戦争捕虜は、奴隷として売り払われ、また彼の釈放金を払ってくれる仲間がいた場合、食されずにすむ。捕虜が処刑されることが決まり、敵対者の側の首長もそれを認めると、頭蓋骨を包むための布と塩と胡椒《こしょう》を送る。その人物は杭に縛りつけられ、人々は彼をめがけて槍を投げつける。瀕死の状態になると、人々がナイフを持って襲いかかり、肉片に刻み、それに塩やレモン汁、唐辛子をまぶし、焼き肉にして食する。参加者の恨みが深いときには、彼らが処刑された肉体をむさぼり喰い、直接死体に噛みつき、肉を噛み切ることも起こるという[Marsden 1811:391]。

ミラーもマースデンも食人の場面を目撃したわけではないが、バタック人の語りから彼らのカンニバリズムの存在を確信している。マースデンは、バタック人が食人をおこなうのは食糧不足からでなく、犯罪を憎み集団で制裁を加えるためだととらえる。しかしながら、イギリス人は食人をともなう処刑を許容しようとしなかった。一七八〇年タパヌリ近くの場所で、一人のニアス島民が激情してバタック人を刺殺した。しかし、ニアス人はその後捕えられ、ただちに杭に縛りつけられ、生きたまま食されたという。イギリスの影響下にある村で起こった出来事であった。イギリス人官吏は村の首長に罰金を科し、そうした処刑をおこなわないよう勧告した。またイギリス人官吏は、タパヌリ周辺でそうした処刑が実行されそうな場合、進んで捕虜を買い戻そうとした。

他方でバタック人も、イギリス人が食人を嫌悪することを心得ていた。ナタルに駐在していたイギリス人商館長ネアンのもとに、一七七五年イギリスの影響下にあった近郊のバタック人首長の一族が、敵対関係にあった村の首長ニアビンに彼らの首長が殺害され喰われたと訴え、救済を求めた。ニアビンの村がイギリスの影響外にあったにもかかわらず、ネアンは一五〜一六名の部隊を率い、ニアビンの村を征伐するため遠征した。しかし、ネアン自身が遠征中に相手方の銃弾に倒れた。ネアンの遺体は仲間の手で帰還したが、同じく凶弾に倒れた一人のマレー人ともう一人の非マレー人(おそらくバタック人)の遺体を運び出す余裕はなかった。彼らはその後「喰われた」のだと、ネアンの遠征部隊に参加した人々は口をそろえて語った[Marsden 1811: 394–395]。イギリスの影響外にある村で、食人が残忍におこなわれていることをイギリス側に語りかけたのであった。

安価なインド綿布を持ち込むイギリスの活動に競合できなかったオランダは、一七七八年にバルスから、九二年にアイルバンギスとティクから撤退を余儀なくされた。また一七九五年には、ヨーロッパで起こったナポレオン戦争の影響が東南アジアに及び、パダンをイギリスに占領された。イギリスは、スマトラ西海岸で胡椒をはじめ森林生産物の交易を進展させた。北スマトラにおいて食人を許容しないヨーロッパ人と、それを社会秩序維持のために重視するバタック人とのあいだで、両者を仲介するインフォーマントの役割は、以前にも増して重要になろうとしていた。

バタック人首長の対応

イギリス人に対し、バタック側も食人儀式の重要性を理解させようとした。タパヌリと後背地の交易は、マレー人が関与するだけでなく、十九世紀になるとバタック人もこの港市を訪れるようになった。十九世紀初めのイギリス人の記録によると、比較的近距離の後背地のバタック人首長が、タパヌリのイギリス人理事官を食人儀式に招待した。理事官は招待を断わったが、彼のもとで勤務していた現地人官吏が出席した。

その人物の語るところによれば、被処刑者は姦通者で、儀式には大勢の人々が集まり、ドラムが鳴らされ、ラッパが吹かれていたという。理事官の代理がきたことで、儀礼を司る首長は大いに高揚していた。首長は侮辱された夫に、どの部位をまず切り取ってほしいか尋ねた。夫は耳を所望した。首長は木に縛られた犯罪人に向かって、その耳を切り取るためナイフを持って走る際に、興奮のあまり二度つまずいたという。彼のあとには、塩と胡椒、唐辛子、レモン汁を調合した調味料を持った男が控えていた。夫は切り取られた耳に調味料をつけ食した。その後夫の親族が、犯罪者のもとにやってきて、肉を切り取り、同様に食した。犯罪人は、耳を切り取られるとき絶叫したが、その後は静かになったという[Heyne 1818:60–62]。バタック人首長は、食人儀礼の重要性を、イギリス側に訴えようとしたのである。

一八一九年にシンガポールが開港され、ペナン、シンガポール、マラッカを拠点とするイギリスの海峡植民地が形成されると、マラッカ海峡域の交易活動は活性化した。これに応じ、スマトラ島東海岸の後背地もイギリス側との取引に関心を示し始めた。一八二三年にデリやバトゥバラを訪れたアンダーソンは、ペナン駐在のイギリス東インド会社職員であった。彼はバトゥバラを訪問したのち、内陸部の商業活動の調査のためヨーロッパ人として初めて、アサハン川河口の港市アサハンから、中流部にある内陸産物の集荷地ムントゥパネイを訪れた。彼を迎えたその地の首長はバタック人で、アンダーソンによると周辺二〇村に影響力を行使していた。沿岸マレー地区と内陸バタック地区を往来したこの首長は、流暢《りゅうちょう》なマレー語でアンダーソンと会話した。首長は、カンニバリズムに関心をもつアンダーソンに、彼の影響下にあった村で六日前に食されたという人間の頭蓋骨を臣下に命じて運び込ませた。アンダーソンは、その犠牲者が五分ほどで食べ尽くされたことを人々から聞かされ、その頭蓋骨を見て強い衝撃を受けたことを記している[Anderson 1826:147-148]。ムントゥパネイの首長は、アンダーソンの理解を超える内陸世界と外来者とを仲介できることを彼に示そうとしたのである。

タパヌリと後背地との交流が緊密になったなかで、イギリスは一八二四年四月、トバ・バタック地域に二名のバプティスト派の宣教師を派遣した。彼らは、タパヌリへきたことのある後背地シリンドゥンの首長のもとに一〇日ほど滞在した。二人は、シリンドゥンが人口一〇万以上をかかえる豊かな農業地域で、この地が多様な商品作物を栽培できる可能性を指摘している。また両名を泊めた首長は、たいへん友好的で、交戦中に捕えた敵側の村人をも無事村に返したことを述べている。バタック人のカンニバリズムを聞かされていた二人は、首長にその体験について尋ねた。すると首長は、一二カ月前にタパヌリとシリンドゥンのあいだでしばしば内陸部からの交易者を襲っていた村人たち二〇人を一日で食したことを語った[Verslag 1856 : 299-300]。海岸部との交易活動の活性化を望んでいたイギリス側に対し、敵対者のなかでも交易活動の妨害者を食したことを説いたのである。二人の宣教師は、一人が病気になったため、その後タパヌリに帰還した。短期間であったが、ここでもバタック人首長たちは初めてヨーロッパ人を内陸部に迎え入れた。

一八二四年イギリスとオランダのあいだでロンドン条約が締結され、マラッカ海峡を挟んでスマトラはオランダの勢力下に、シンガポールとマレー半島はイギリスの勢力下におく取決めがなされた。イギリスはスマトラから撤退した。他方オランダは、沿岸部と内陸部の交易ネットワークの改編をもくろんだパドリの活動と対抗しつつ、パダンを拠点にナタルから北スマトラへも徐々に勢力の拡大をはかった。

パドリは、一八〇三年にメッカより帰還したハジ・ミスキンらイスラーム指導者が、商業活動が活性化した中部スマトラで横行した窃盗や賭博《とばく》、アヘンの吸引などの非イスラーム的慣行の禁止を掲げ、イスラームの遵守《じゅんしゅ》を訴えた改革運動の参加者を指す。パドリはミナンカバウ地域で次第に勢力を拡大した。その後一八二〇年代前半に、ラオを拠点とするその一派が、北接するマンダィリン、アンコラのバタック地域にも遠征隊を派遣した。彼らは制圧したバタック人をイスラームに改宗させ、有力者をその地の首長に据えた。改宗を拒んだ者は奴隷として売りさばかれた。さらに一八二〇年代の後半から三二年の時期に、トバ・バタック地域へも遠征した。タパヌリの後背地のシリンドゥンはその勢力下におかれ、下バルス王家の代理とされたシ・シンガ・マンガラジャ十世も、パドリに討たれた[Dobbin 1983:182–183]。オランダは、一八二〇年代の後半にパドリへの攻勢を強め、三三年までにラオやマンダィリンのパドリを制圧した。またパダンを拠点にナタルから北スマトラへの勢力の拡大をはかり、タパヌリにも駐在員をおいた。

オランダはタパヌリ近郊の後背地もその影響下に入ったものとみなし、一八三四年ボストン協会の宣教師二名(マンソンとライマン)のシリンドゥンでの布教活動を認可した。二人は、一〇年前この地を訪れたイギリス人の行程にのっとり、タパヌリからシリンドゥンに向かった。だがパドリの侵入を受けた内陸部は、外来者の進出を警戒していた。またオランダは内陸部とのネットワークづくりを、海岸部に居住したマレー人やバタック人に依存した状態であった。二人の宣教師はタパヌリを出発して六日後、進出を拒否したシリンドゥンのフタティンギの村人によって殺害された[Thompson 1839:182–183]。周辺の首長たちも、その殺戮《さつりく》を黙認した。オランダは、二人が食されたものと判断した[Schoch 1834]。その後オ

バタントル川沿いに広がるシリンドゥン盆地

マンソンとライマンが殺された地に建てられた記念碑

ランダの派遣した遠征隊により、フタティンギは焼討ちされ、発見された宣教師の頭蓋骨は遺族に返還された。のちにフタティンギの首長は、近隣の村と抗争していたため、彼らにこれ以上内陸部に入らぬよう警告したが、それを無視したため、村人たちが二人を殺戮に及んだとオランダ側に釈明をした。オランダが内陸部へ影響力を拡大するためには、この地の首長たちの協力が不可欠であった。

バタック人首長の語り

一八三七年パドリの主要勢力を制圧したオランダは、バタック南部のマンダイリンとアンコラ地域に影響力を拡大し始めた。オランダはこれらの地の有力者を植民地首長に据え、彼らをとおして内陸部に勢力を扶植していった。そして一八四〇年、バタック地域南部からさらに北隣のトバのシリンドゥンの地形調査をするために、医師で博物学にも見識のあったフランツ・ユングフーンを派遣した。ユングフーンは、アンコラやシリンドゥンの首長の案内のもとに一年半にわたりこれらの地域を踏査した。シリンドゥンの一首長グル・スンビランの案内で、ユングフーンは宣教師が殺害されたフタティンギを訪れた。グル・スンビランから彼は、フタティンギがかつては多くの人口をかかえ繁栄した村であったが、宣教師を食して以来人口が減り、貧しい村になったと聞かされた。ユングフーンは、これを天罰がくだったものとみなし、フタティンギが当時一〇戸のみすぼらしい家屋よりなる寒村であることを記している[Junghuhn 1847:113]。オランダとの接近をはかるグル・スンビランの説明であった。

こうしたトバの首長らの介在のもとユングフーンは、食人の場面を目撃したという。彼はその場面を次のように語っている[Junghuhn 1847:158-160]。

敵が捕まった場合、慣習または(にっくき敵が、生々しい復讐の欲望に抗しきれない相手方の手に落ちたときには)裁量によって犠牲者が選ばれ、食する日が決定される。使者が、親しいあるいは同盟している首長やその臣下たちのもとに送られ、供犠への招待がおこなわれ、祭りのごとき準備がなされる。数百人の人々が集まってくる。犯罪者は通常村の外で杭に縛られるが、見物人が入るのに村が十分に大きいときは、村のなかでおこなわれることもある。たくさんの火が焚かれ、音楽が奏でられる。……首長は、人々にもう一度この事件の原因を簡潔に説明し、犯罪者が抹殺されるべきどうしようもない悪人で、人の姿をした悪霊であり、その罪を償うときがきたことを集まった一同に言い聞かせる。こうした語りのあいだに、そこにいる全員が口から涎《よだれ》を垂らし、犯罪人がもはや彼らに危害を及ぼすことができないと確信すると、その肉片を食べたくてしようがない欲望を感じる。……彼らにいわせると、こういうやり方で復讐心を満足させることは楽しみであり、食人によって慰められる気持ちは、ほかの何事にも比することができないという。すべての人が、こうした欲情にかられてナイフを取り出す。首長または侮辱された者が、最初の肉を切り取る。それは好みによって、前腕の場合もあれば頬肉の場合もある。彼は肉片を取り上げ、ほとばしる血をうまそうに吸う。そして急いで火のもとに行き、それをむさぼり喰う前に、少し焼く。……通常八～一〇分で犠牲者は気を失い、一五分経つとたいてい死んでしまう。

ユングフーンによれば、こうした公の場での食人による処刑が彼の滞在中に、シリンドゥン、シゴンプロンとビラ川上流部の三カ所でなされたという。自然科学者であった彼が関心の高かった食人処刑について、何の絵図も残していないことは、本当に彼が目撃したのかどうか、疑問が残る。ただし、ここで問題としたいことは、それがたとえ伝聞によるものであったにせよ、彼の記述にバタック人首長たちの提供した情報が大きな影響を与えたことである。

彼ら首長たちは、オランダから派遣されたユングフーンが食人を警戒し、それに高い関心をもっていることを心得ていた。だからこそフタティンギに彼を案内した際に、先述のようなオランダ側に配慮した説明をしたのであった。彼らはまた、トバやアンコラでの食人の話を詳しくユングフーンに語った。ユングフーンは、この事例のほか、シリンドゥンの首長たちから、バンダルナホルの首長が密かに戦争捕虜を食したことや、アンコラのシヒジュックの首長が「食人狂」で、自分の隷属民をかまわず食することを聞かされた。

オランダから調査を依頼された彼は、その調査記録『スマトラのバタ人』(第二巻)のなかで「とくにバタ人のカンニバリズムについて」という章を設けて、バタック人の食人を記述している。ユングフーンは、農業ならびに牧畜業を営み、端正な家に住み、法規を重視し、文字を有し、布を織る技術をもつバタック人が、なぜ食人慣習を有するのか、考察を試みている。彼はバタック社会の人口増加が背景にあり、コミュニティが拡張していくなかで、悲惨な戦争を誘発しないためにこうした慣行が発展したとする[Junghuhn 1847:155-156]。またユングフーンは首長たちから、この慣行が三世代前から始まったことを聞かされた。彼はその開始を、一八四〇年から一世代七〇年×三=二一〇年を遡らせ、一六三〇年頃と推測する。マースデンがその慣行をニコロ・デ・コンティや十六世紀初めのポルトガル人の記述と連関させたのに対し、彼はそれをより新しいものであるとした。

ユングフーンの指摘は、食人文化がどのように形成されるのか興味深い材料を提供してくれる。彼の唱えた一六三〇年頃は、前章で検討したように、アチェが北スマトラや中部スマトラで勢力を拡大した時代であった。十七世紀前半期には、北スマトラと中部スマトラの内陸部に広く「人喰い」がいると語られた。ユングフーンが滞在したシリンドゥン周辺は、下バルス王家が影響力を行使した場所であったが、十七世紀前半期この王家もアチェの影響下におかれ、港市と後背地のネットワークが強化された。首長たちの語りによると、この時期に食人慣行が成立したことになる。その慣行を司ったのは首長たちであり、彼らは内外の状況に対応してその習俗を創生したということになろう。

ユングフーンに食人の情報を提供した首長たちは、いずれにせよ、オランダが関心を寄せたこの地域をきわめて特異化して示すことができたといえる。ユングフーンの調査の翌年、オランダはその踏査地域にあたるアンコラとシゴンプロン、シリンドゥン、およびその周辺のシパフタル、パンガリブアン、シゴトム、シラントムの領有を宣言した[Joustra 1910:31]。これらの地域にオランダの実効的支配が及び出すのは一八七二年以降のことであるが、オランダはこれらの地域の有力者がオランダへの服属の意思を表明したと判断し、まず名義上の領有を宣言した。彼ら首長たちは、オランダに住民との仲介者としての存在価値を認められたのである。

外来者を血縁者とみなすバタック人

十九世紀中葉になるとオランダの影響外のトバ・バタック人にも、植民地勢力が無視できない存在となった。一八四三年末、これを象徴する事件が起こった。シリンドゥンからさらに内陸部のトバ高原のトバ・バタック人が、武器などの商品をオランダ政庁勢力下のアンコラで購入した帰路に、シピロクで一二名が襲撃され殺戮された。襲われたトバ・バタック側は激怒したが、シピロクが政庁領であったために反撃を控えざるをえなかった[Kessel 1856:55]。またオランダが一八四一年からマンダィリンに導入したコーヒーの強制栽培は、その後アンコラにも拡大した。この強制栽培は、作物の栽培のみならず運搬まで住民に義務づけられた。マンダィリン(マンデリン)・コーヒーがその産品である。栽培の展開とともにトバ・バタック地域の馬や食糧が、従来以上にこれらの地域にもたらされた。とりわけトバ産の馬は、山登りにも強く評価が高かった。トバ・バタック地域は経済的に、オランダ支配地域との関係が深まった。

こうして外部勢力が内陸民に少なからぬ影響を及ぼし始めると、後者の側でも前者との関係を彼らの価値体系のなかに組み込む必要が生じ出す。一八五三年にオランダ人言語学者ファン・デル・テュークがトバ・バタック地域を訪問した際に流布した噂話は、その試みの一端を提示してくれる。ファン・デル・テュークは一八二四年マラッカで生まれ、父親はオランダ人で、母親がユーラシアン(欧亜混血者)であった。彼は子ども時代をスラバヤで過ごし、インドネシア社会の慣習に馴染んでいた。テュークは、その後オランダで教育を受け、オランダ聖書協会に所属し、ふたたびインドネシアに帰還した。彼はバタック語の聖書を作成するために、一八五一年バルスにやってきた。その地でバタック語を習得しつつ、翌年にはタパヌリの後背地の政庁領を踏査したのち、ふたたびバルスに居を構えた[Groeneboer 2002:2–13]。バルスにはオランダが一八三九年に復帰し、下バルス王家も上バルス王家もその支配下におかれていた。その地で元政庁官吏や馬の取引でトバ・バタック地域を訪れる商人から内陸部の情報を入手したテュークは、一八五三年二月にオランダの勢力が及んでいないバッカラのシ・シンガ・マンガラジャ(十一世)を訪ねた。

シ・シンガ・マンガラジャはテュークと接見した。しかし、テュークはオランダ政庁のスパイと疑われ、数千人の武装した人々に取り囲まれ、食されるかもしれない危機だったと、知人への手紙のなかで記している[Tuuk 1962:48]。一方テュークに同行した案内人たち

バッカラの高台から望むトバ湖

ファン・デル・テューク

は、彼がパドリ軍に連行されたラジャ・ルンブンというシ・シンガ・マンガラジャの兄であることを、人々に信じさせようとした。一八二〇年代後半にパドリがトバに侵入した際、彼らはシ・シンガ・マンガラジャ十世を討ち、その子のラジャ・ルンブンをラオに連行した。その後オランダがラオを制圧すると、ラジャ・ルンブンはオランダに連れていかれ、そこで大きくなった。今ここにいる彼こそが、その人であるとしたのである［Tuuk 1962:49］。

ラジャ・ルンブンがあらわれたという噂が、バッカラで流布し始めた。シ・シンガ・マンガラジャが、その話をどれだけ信じたのかわからないが、彼の兄を僭称《せんしょう》する人物の出現はその地位の正統性とも関係し、彼にとって複雑なものであったろう。テュークは、シ・シンガ・マンガラジャが彼への反感を滞在中終始示したと記す［Tuuk 1962:53–54］。しかしシ・シンガ・マンガラジャも、オランダより派遣されたテュークに危害を加えることはできなかった。ラジャ・ルンブンの噂話は、そうした状況下で展開した語りであった。

バタック人が、彼らに少なからぬ影響を与えた外来者を血縁者とする話は、ほかならぬパドリ軍の頭目だったトゥアンク・ラオをめぐって当時トバで生まれつつあった。トバ・バタック人は、トゥアンク・ラオが先のシ・シンガ・マンガラジャ十世の甥であったとみなし始めた。それによると、その甥はシ・シンガ・マンガラジャ同様に、稲作の生育を司る能力に秀でていた。シ・シンガ・マンガラジャは、優れた能力をもつ甥が王位を簒奪《さんだつ》することを怖れ、密かに彼を箱に入れてバッカラからトバ湖へ流した。その箱は、無事対岸のウルアンに流れ着いた。箱を拾ったウルアンの人々は、そのなかに子どもがいることを見つけ、その子を大事に育てた。成長すると彼はラオに赴き、そこで頭角をあらわしトゥアンク・ラオとなった。彼は、自らを虐待した叔父に復讐するためにトバに遠征し、シ・シンガ・マンガラジャ十世を討った[Gabriel 1922 : 305–311 ; Parlindungan 1964]。パドリの攻撃を受けたトバ・バタック人の解釈であった。

外来者を血縁者とみなす語りは、前章で検討した下バルス王家の王統記で、イブラヒムを自らの氏族と同じとしたバッカラの人々にもみられる。そしてこの現象はバタック人だけでなく、ほかのインドネシア人のあいだでもみられた。たとえば、ジャワ人はオランダ人のジャワ進出を、しばしば彼らの王族の血縁者の所業と関連づけて語った。オランダ東インド会社がバタヴィアに拠点を構えたときの総督ヤン・ピーテルスゾーン・クーンが、西ジャワのパジャジャラン王家の女性とヨーロッパ人商人とのあいだの息子であるとする語り(十八世紀後半〜十九世紀初め)は、その典型である[Ricklefs 1973 : 377–402]。外来者が内陸民にとって無視できない存在となるなかで、外来者の活動と内陸民の価値観との接合が試みられたのである。バタック人にとって食人風聞により、外来者を到来させにくくする時代は大きな曲り角を迎えていた。

キリスト教受容と食人慣行の終焉

現在のインドネシアには、人口の九割近くにおよぶムスリムとともに、バタックをはじめカリマンタン内陸部のダヤクや中央スラウェシのトラジャ、ならびにモルッカ諸島などにキリスト教徒が存在している。モルッカ諸島を除くこれらの地域にキリスト教徒が存在するのは、十九世紀後半からキリスト教団が布教活動をおこなったことによる。とりわけバタック地域へのキリスト教布教は、パドリがイスラーム改革運動を展開したミナンカバウ地域とイスラームの盛んなアチェとのあいだに、楔を打ち込むことを唱えた欧米のキリスト教団が注目していた。

ボストンのアメリカ人宣教師が命を落としたのち、オランダはしばらく宣教師をバタック地域に入れることを規制した。しかし、キリスト教団からの要請が高まり、オランダはこの地域での布教活動を認可せざるをえなくなった。一八五七年オランダは、オランダのエルメロ伝道団のバタック地域における布教活動を認可した。宣教師ファン・アッセルトらは、オランダ勢力下にあったアンコラで布教にあたった。しかし、この伝道団は資金が乏しく、その活動をドイツのライン伝道協会に託することになった。一八六一年十月より、ライン伝道協会のバタック地域での活動が開始された。

ライン伝道教会は当初アンコラのシピロクで布教活動にあたっていたが、オランダ政庁の示唆のもとに、政庁領と経済関係の深まったシリンドゥンでの布教活動に着手した。一八六一年末にパンガロアンに宣教師が赴任して以降、翌六二年にシゴンプロン、六四年にピアラジャ、つづいてパンスルナピトゥ(六八年)、シポホロン(七〇年)、シモランキル(七四年)などの主要な村々に宣教師が駐在するにいたった[Coolsma 1901:336,342,346-384]。オランダ政庁より活動を許可されていたドイツ人宣教師を受け入れることは、トバ・バタック人首長にとってオランダとの強い結びつきをもつことを意味した。これにより首長らは、自らの権限が強化されると考えたのである。そして一八七六年には、シリンドゥンの北のトバ高原のバハルバトゥに宣教師が赴任するにいたり、トバ湖畔のバリゲでも宣教師の派遣を求める首長があらわれ始めた。

キリスト教会はオランダとの関係以外にも、トバ・バタック人を引きつけた。人々にとって、キリスト教会の豊かな教区基金は魅力であった。この地域の教会は、伝道本部から送られてくる資金のみならず、教会のもつ土地で栽培するコーヒーや安息香の収益やキリスト教徒（ヨーロッパ人も含む）の寄付からなる教区基金をもっていた。債務に陥った臣下を払い戻すために、比較的低利子で借りられた教区基金は首長にとって頼りがいがあった。さらに宣教師がもたらした近代医療にもとづく医療品も、バタック人の注目を引いた。天然痘やチフスなどに対して比較的効果的に対処できたことは、人々を延命させ、彼らの改宗の動機の一つともなった。豊かな富を有すること、大家族をもつことは、外交ならびに裁判での明敏さや戦いにおける武勇とならんで、トバ・バタック人首長の重要な美徳であった［Vergouwen 1964: 131–132］。

これに対し、トバ高原やトバ湖畔のほかの首長らは、トバ南部地域の首長らの教会接近によって、従来の力関係が変容することを警戒していた。こうした首長らは、トバ南部地域が宣教師を受け入れ始めた頃から、シ・シンガ・マンガラジャにトバ・バタック地域よりキリスト教会やオランダ政庁の影響力を排除するよう働きかけた。またこの時期北隣のアチェでは、一八七三年よりオランダの侵略に対してアチェ人がアチェ戦争（〜一九一二年）を展開していた。アチェ側はしばしばシ・シンガ・マンガラジャに手紙を送り、ともにオランダと戦うことを促した。またアチェからウレーバラン（戦闘指揮官）らが同じ目的

復元されたシ・シンガ・マンガラジャ12世の家屋

トバ・バタック地域

で、トバ・バタック地域にしばしばあらわれていた。一八七七年に父シ・シンガ・マンガラジャ十一世の跡を継いだシ・シンガ・マンガラジャ十二世（オンプ・プロ・バトゥ）は、内外の要請に動かされ、トバ・バタック人の反オランダ勢力の旗頭として登場することとなった。

一八七八年二月に開始された戦いは、当初双方とも相手の様子をうかがう程度であったが、三月に入りオランダが二五〇名の植民地軍をトバに派遣すると、大砲をもたず、また銃においても性能の劣るトバ・バタック側の劣勢が明らかとなった。オランダはトバ高原に進軍し、シ・シンガ・マンガラジャ側に与した村々に罰金を支払わせ服従を誓わせた。拒絶した村は焼討ちされた。シ・シンガ・マンガラジャ側に与した首長のほとんどが、オランダに服従を申し出た。五月にかけて再度遠征隊を派遣し、シ・シンガ・マンガラジャの本拠地のバッカラをも服属させたオランダは、シリンドゥンのタルトゥンにトバ地域で最初の政庁官吏（監督官）を駐在させた［Sidjabat 1982: 159–181］。

この戦闘ののち、キリスト教会およびオランダ政庁は、トバ南部地域からさらに内陸部のトバ高原やトバ湖畔へと勢力を拡大していった。これらの地の首長たちも自らの権限強化のため、ドイツ人宣教師の派遣を求め始めた。一八八一年に二名のドイツ人宣教師が湖畔のバリゲとトバ高原のリントンニフタへ赴任し、八三年初めにはバッカラに近接する湖畔のムアラへも赴任した。オランダ政庁も一八八三年四月、バリゲに監督官と五〇名の警察軍を駐在させた。

こうした政庁と教会の活動は、ふたたびシ・シンガ・マンガラジャを反抗に駆り立てた。今度はオランダ側に察知されないうちに、彼はトバ湖畔東北部やバッカラの人々を反ヨーロッパ人の旗印のもとに集めていた。一八八三年六月、彼らはリントンニフタとムアラの教会を焼討ちした。そしてバリゲの監督官と警察軍を数千名の人々が包囲した。こうしたなかでオランダ人監督官の一隊は、六月三十日にシ・シンガ・マンガラジャ側に奇襲をかけた。これによりシ・シンガ・マンガラジャ自身が負傷し、戦場から去り、シ・シンガ・マンガラジャ側は総崩れとなった。同年七〜八月、オランダは遠征隊をトバ地域に送り、シ・シンガ・マンガラジャに与した村々に武力で服属を迫った。トバ湖畔東北部の多くの村々は服従を申し出、罰金を支払った。服属を拒んだバッカラは、政庁軍によって一三村が焼き払われ、シ・シンガ・マンガラジャが神事を司っていた神殿も壊された[B. R. M. 1883: 326–332]。

シ・シンガ・マンガラジャの二度にわたる敗退は、トバ・バタック人にヨーロッパ人の軍事力がシ・シンガ・マンガラジャの力を凌ぐものであることをはっきりと認識させた。シ・シンガ・マンガラジャ十二世はこののちバタック地域の西北部の山岳地帯に潜み、もはやトバ・バタック人をヨーロッパ人との大規模な戦いに結集させることはできなかった。人々は従来のパワーシンボルに疑問をもつとともに、新たなヨーロッパ人の力に従来以上に関心を払い始めた。多くの人々がキリスト教にヨーロッパ人の強さの源があると考え、一八八三年の戦闘以降、以前にも増して宣教師の派遣を求めるようになった。ラグボティ(八四年)、シグンパル(八六年)、ナルモンダ(九〇年)、パルサンビラン(九〇年)、ウルアン(九二年)のトバ湖畔東北部ならびにサモシール島のナインゴラン(九二年)に宣教師の駐在所が設けられた[Coolsma 1901:403–409]。

オランダは一八八六年以降、支配領域に組み込まれたトバ・バタック地域に植民地首長を任命した。郡長、副郡長、村長という役職が設けられた。オランダは宣教師の意見を入れ、キリスト教会に接近してきた有力首長をその任にあてた[R. Z. 1887:63–68;Castles 1972:37]。政庁は彼ら首長との協議により、コーヒーの強制栽培(一八九二年まで)や労役の導入、市場の開催や係争の処理にあたった。また食人は禁止された。こうした宣教師を媒介として独立地域をその影響下においていくというやり方は、オランダが二十世紀初めにバタック地域全域を支配下に組み込むまで続いた。

こうした状況下でトバ・バタック人にとってもっとも関心のあったことは、変動する世界を司る力は何であり、どうすればそれに与ることができるかということであった。食人は慣行としても、また語りとしても、重要性を喪失していった。一八八七年のトバ湖畔に駐在した宣教師の記録によると、宣教師を受け入れた村人が、敵対関係にあった村人たちに襲撃され、うち一人は食されたと思わせる事態が起こった[B. R. M. 1888:42]。しかし、オランダ政庁による敵対勢力への討伐がおこなわれることとなり、この村は相手側に反撃し食人をおこなう必要がなくなった。また一夫一妻制を厳しく説いた宣教師の教義は、嫁を与える集団ともらう集団との関係を社会の重要な基盤とするトバ・バタックの父系外婚氏族制の理念と接合し、姦淫《かんいん》を戒めるモーセの十戒は人々の好んで唱えるものとなった。それにそもそも食人の裁定をおこない、その儀式を司っていた首長がキリスト教を率先して受け容れたことで、この儀式も意味をなくした。

こうしてトバ・バタックの価値観とキリスト教との接合が試みられるなかで、ドイツ人宣教師はしばしば彼らの祖先やシ・シンガ・マンガラジャの生れ変りとみなされた。トバ地域で最初に布教活動を始めたドイツ人のノーメンゼンは、その子孫がトバ湖周辺に拡大したトバ・バタック人の伝説的な祖先オンプ・ラジャ・オロアンの生れ変りとみなされた[Nommensen 1974:166]。またトバ湖畔のナルモンダに滞在したポーリッヒは、機械技術者であり、オランダ政庁からしばしば大砲や銃の修理を依頼されていた。トバ・バタック人にとって、ヨーロッパ人の力の優位を支えるこうした武器の知識を有するポーリッヒは、宣教師のなかでもとりわけ篤い崇拝の対象となった。人々は彼を、シ・シンガ・マンガラジャ十二世の生れ変りとみなした[B. R. M. 1893:325-326]。実際のシ・シンガ・マンガラジャ十二世(オンプ・プロ・バトゥ)は、オランダの追討を怖れ山岳部に潜んでいたが、人々は一八八三年の戦闘でオンプ・プロ・バトゥが逝去し、その霊力がポーリッヒに宿ったとみなし

ノーメンゼン

たのである。トバ・バタック人は、その価値体系の中核を保持しつつ新しい時代に対処しようとした。

食人話の最終局面

カンニバリズムを禁じたヨーロッパ人の力の優越性を認識したトバ・バタック人のあいだで、食人の話題は終焉《しゅうえん》に向かった。他方バタック地域(方言上、トバ、アンコラ、マンダイリン、シマルングン、カロ、ダイリの六地域よりなる)のなかでも、従来の社会秩序が保持された地域があった。バタック地域のほとんどが十九世紀終りにはオランダ植民地政庁の影響下におかれるにいたったが、もっとも遅くまで独立を保っていたのが、トバ湖畔西北部のダイリ地域であった。一八八〇年代から二十世紀初めにこの地域を踏査した旅行者たちは、この地域の首長たちから多数の食人がおこなわれたことを聞き記述している。外来者が内陸部深くやってきたとき、彼らの理解を超える食人が地元のインフォーマントから提示されたのである。

一八八七年、ドイツ人探検家フォン・ブレンナーは、デリのプランテーション経営者やオランダ政庁、キリスト教会の支援のもとに、デリからカロ地域、さらにはいまだオラン

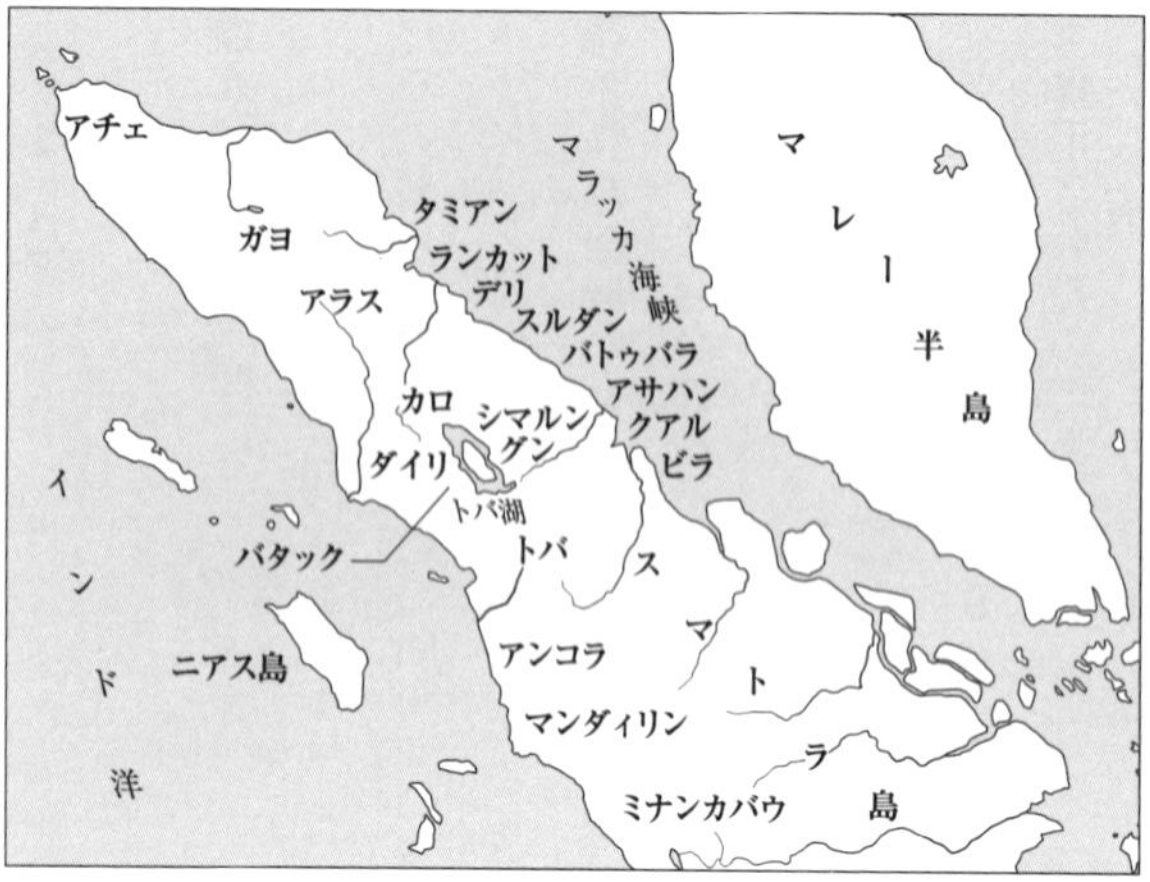

二十世紀初めの北スマトラ

ダの影響力が及んでないダイリ地域そして北部トバ地域の踏査旅行を実施した。その成果は七年後に『スマトラの人喰い族訪問』というタイトルで出版された。彼が聞いた食人の事例は、カロ地域と隣接したダイリ地域のプンガバダンで出会ったその地の有力首長の情報にもとづくものであった。それによるとその地の首長は、デリのプランテーションを逃亡したと思われる一一名の中国人クーリーを村人とともに食したという［Brenner 1894:209］。デリのプランテーション経営者の支援を得て旅行中だったブレンナーを意識した、ダイリ側の首長の説明であった。

　ダイリ地域は、当時オランダとアチェ戦争(一八七三〜一九一二年)を展開していたアチエ王国とも近接していた。一九〇四年、アチェの内陸部のガヨ、アラス地域を制圧し、ダイリ地域まで南下したオランダ人のJ・C・J・ケンペースに、トバ湖畔北西部のクタラジャの首長は、近年彼の村近くにやってきた一三名のアチェ人の一団を襲い、食したと語った[Kempees n.d.:199]。先の場合と同様、来訪者との関係を配慮した食人であった。

二十世紀初めになると、オランダ政庁は加速度的にその勢力圏を拡大していった。ダイリ地域がオランダ支配下に入るのも時間の問題となりつつあった。またダイリ・バタック人が食人をおこなうことは、外来者のあいだで周知となっていた。こうしたなかでこの地域のインフォーマントたちは、来訪者に対して食人を積極的に説いた。一九〇五年、オランダ政庁よりこの地域の調査を認可されたヴィレム・フォルツがダイリ地域にやってきたとき、クタラジャに近接するクタウサン出身の四十歳前後のインフォーマントは、すでに五〇人以上を食したと彼に語ったという[Volz 1909:323–325]。「食人者」というレッテルから逃れられない状況下では、情報提供者自身が偉大なるカンニバリストを自称することで、来訪者にその存在価値を印象づけたのであった。フォルツは、彼のインフォーマントが二五年間に五〇人食したものと算出し、この地域の人々が平均毎年二名ほど食人したものと推定している。

このほか同じ頃、ダイリ中央部のクパスの村落間抗争で八名の女性が食されたことがオランダ政庁の話題となっていた[Volz 1909:323]。従来バタック人のあいだで、婦女子は食人の対象にならなかった。これが事実であるのかどうか、ここでは問題にしない。重要なことはダイリの人々が、この地の食人が尋常でないことを外来者に語りかけたことである。ヨーロッパ人にとって、地域住民との仲介役がとりわけ重要に感じられたことはいうまでもない。

北スマトラのバタック地域は一九〇八年までに、ダイリ地域も含めすべての地域がオランダ植民地政庁の支配下におかれるにいたった。マンダィリンやアンコラをはじめトバとダイリ地域は、タパヌリ州に編入された。一方カロとシマルングンの地域は、ランカット、デリ、スルダン、バトゥバラ、アサハンなどのマレー人スルタン領とともに、スマトラ東岸州を形成した。トバやダイリでは、オランダへの服属を誓った有力首長が植民地体制下でその地位を保障された。彼らの役割は、植民地政庁に評価されたといえる。

ただし、彼らの地位は世代を超えて保障されたわけではなかった。郡長はトバ地域だけでも約一七〇名存在した。オランダは植民地首長の数が多すぎると判断し、一九一六年からタパヌリ州の統治機構の再編に着手した。任命した郡長や副郡長が死去すると、その統治単位の統廃合をおこなった。さらに郡長・副郡長の上位に、統治の効率化をはかるために一二名の地方長と二五名の副地方長を任命した［Joustra 1917:14］。その職には、官吏養成学校の卒業生やオランダ人官吏のもとで勤務していた現地人官吏を据えた。住民は問題を副地方長に、直接訴えることができるとされた。従来の郡長や副郡長は、オランダ人官吏と接触する機会が減り、地方長や副地方長のもとにおかれた命令伝達者にすぎなくなった。かつての介在役の首長は、植民地体制確立後、大幅にその役割を減じることとなったのである。

植民地体制は、バタックの従来の社会秩序を大きく変容させた。当初はバタックの価値体系の中核を保持しつつ、変動する状況に対処したやり方も、首長の存在意義自体が低下することで、意味を失うことになった。またスマトラ東岸では、内陸民と外来商人との仲介役であったマレー人支配者が、植民地体制下で交易税徴収権や外交権を大幅に委譲させられた代わりに、土地の領有権をオランダから認められ、その一部をプランテーション企業に貸与し、莫大な利益をあげ始めた。近接したバタック人は、土地を追われる危機に直面した。こうした状況のもとでバタック人にとってまず重要なことは、生きる場を確保することであった。食人話どころではなかった。

第5章
人喰い伝説の復活

「人喰い文明人」タイピーとメルヴィル

十九世紀に入るとバタックと同様に、ほかのアジア地域やアフリカやオセアニア地域に、欧米勢力が影響力を拡大した。これらの地域に、植民地官僚や宣教師さらに商人や探検家など従来以上に多くの外来者が到来した。一口に欧米人といっても、彼らが現地の人々と交流するなかで形成した文明観や人間観は決して一様でなかった。大きな社会変容を体験したこれらの地域において、多彩な来訪者との出会いは、人々の世界観や価値体系の再構築に少なからぬ影響を及ぼした。バタック人はこうした出会いをとおして、人喰いの伝統を見つめ直すこととなった。

十九世紀を迎えた欧米人は、文明の使徒を自認し、近代ヨーロッパの理念を非欧米世界に導入しようとした。その一環として、前章でも述べたように、ドイツ人宣教師の布教活動とオランダの植民地支配がバタック地域にも及び、食人慣行の破棄を迫った。かつて七度人肉を食したことがあると語るバタック人に対し、一八六八年一人のヨーロッパ人宣教師は、虎ですら同類の虎を食さないのに、食人をする人間は虎以下であると説いた[Asselt 1906:157–158]。当時の宣教師に、モンテーニュにみられたような「高貴な」食人観はない。カンニバリズムはその後ヨーロッパ人のあいだで、文明の及ばない地の蛮習とみなされるにいたったことが指摘されている[Lestringant 1997:中野 1987:53–65]。

他方で欧米人は、十九世紀以降「食人種」とされた人々と交流する機会が増えた。彼らの記述を見てみると、欧米人の食人観は決して一枚岩ではない。十九世紀の前半期に全盛期を迎えたアメリカ捕鯨を題材としたハーマン・メルヴィルの『タイピー』や『白鯨』には、文明人としての「人喰いタイピー族」や高貴な人間性をもつ「食人種」出身のクイークェグが登場する。捕鯨活動の拡大により非欧米人との接触が増えるなかで、メルヴィルは「食人種」とされた人々のなかに「文明人」を発見し、キリスト教文明の堕落ぶりを認識するにいたったのである。こうした欧米人自身による近代文明の批判は、メルヴィルに

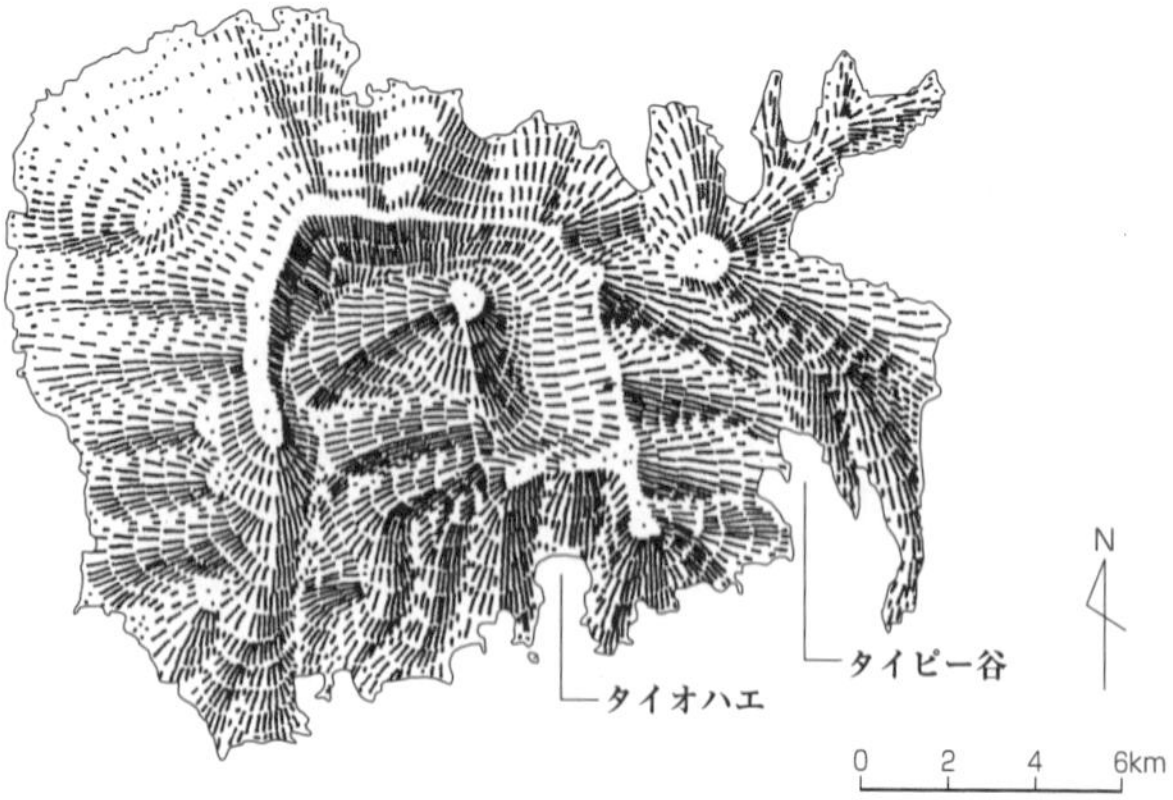

ヌクヒヴァ島

限らない。十九・二十世紀の欧米の旅行者や探検家さらには人類学者にしばしばみられた現象である[井野瀬 1998:118-120]。ここでは、バタックの事例と比較するために、『タイピー』のなかでメルヴィルが現地社会に何を見いだしたか検討しつつ、同時にそうした外来者を当該の住民がいかにみていたのか探ってみたい。

メルヴィルの『タイピー』は、彼が実際にタイピーに滞在した体験をもとに、フィクションを織り交ぜて、仕上げられたものである。メルヴィルは、一八四二年の六月にマルケサス諸島のヌクヒヴァ島のタイオハエに投錨し、七月九日に仲間の一人とともに船長への不満のため捕鯨船を脱出し、内陸部の谷間に逃げ込んだ。ヌクヒヴァ島では、十八世紀の終り頃から欧米の商人や船乗り、捕鯨者らが海岸部を訪れていた。またフランスはこの島の海岸部に拠点を構え、一八四二年にはフランス人宣教師が活動を始めた。メルヴィルら二人は、一週間ほど放浪したのち、当時「人喰い族」として名高かったタイピー人の集落に落ち着いた。まだ外国人が住んでいない地であった。そこでの一月足らずの滞在が（小説では四カ月の滞在とされている）、のちの『タイピー』（一八四六年）の素材となった。

メルヴィルによると、タイピーの人々は彼らを虐待せず、友好的に対応した。メルヴィルは、タイピーの谷の首長メヒヴィに迎え入れられ、世話人をつけてもらったという。また彼は、タイピーの娘ファヤワイと親しくなった。彼は、「彼女の飾りけのない、しなやかな肢体、あれこそは女の典雅と美の極致だ」と絶賛している［メルヴィル 1981：81］。一緒にきた仲間のトビーは、タイピーの谷から姿を消したが、メルヴィルはここでの暮しが気に入った。メルヴィルは、彼の滞在中に公衆に対する罪で裁判にかけられた者はいなかったし、浮浪者や秩序を乱す者を捕えるための市警察もなかったことに言及したのち、以下のように記す［メルヴィル 1981：170］。

ようするに、文明の法律が理想の目的とするところの、社会の安寧および維持のための行刑はいっさいなかった。それでいて、《タイピーの谷》では、すべての事が調和と円滑のうちに行われ、僕をしていわしむれば、キリスト教世界のどんなに選ばれた、洗練された、敬虔な人間集団も比肩できないほどだった。……恐らくは、彼らのあいだに隣人に対する誠実と慈悲の原則が内在しているのに違いない。……道徳と名誉の大法典は、専断的な掟でどう歪曲されるにせよ、世界を挙げて同一であり、これらの原則に関する限り、善と悪の意味は、非文明人だろうが、神の福音を受けていない人間だろうが同じだと思われる。マルケサス人がお互いの接触で示す廉潔心の根底にあるものはこの内在的な、この普く広がる概念、つまりは義にして崇高なるものの概念だ。

メルヴィルは、「人喰い人種」とされるタイピーに、「義にして崇高な概念」を見いだした。キリスト教を受容しなくても、調和と安寧に満ちた社会の存在を実感した。捕鯨船員として太平洋の各地で、欧米人が文明の名のもとにもたらした悪徳と破壊をみてきた彼は、キリスト教世界に深い懐疑の念を抱く。タイピーに次第に迫りつつあったフランスの宣教師や軍艦に対し、「天よ願わくは《いやはての島》をたすけさせたまえ！」とメルヴィルは叫ぶ[メルヴィル 1981: 166]。

タイピーの谷に安らぎを見いだした彼は、しかしあるとき彼らの食人風習を意識せざるをえない場面に遭遇する。小説によると、谷にきてから三カ月ほどたったある日、彼は親しくなった老人マーヒーヨの家の棟木に吊るされた燻製状になった三個の首を発見した。二個は島民のもので、一個は白人のものと彼には思えた。メルヴィルは、一緒にタイピーの谷にやってきた仲間のトビーのものではないかと疑った。それまでメルヴィルは、人々から、彼らが人肉を喰ったことがないと聞かされていた。この三個の首も、人々は食人と無関係であることを彼に説いた。しかし、自分が厚遇されているのは、いつか喰われるためではないかという思いにメルヴィルは悩まされ始めた。「蛮族特有のずるい手段を弄して、いっさいの形跡を拭い去るのに努力する」タイピーの心性に、彼は憎しみをおぼえ出す[メルヴィル 1981:193–194]。

彼はタイピーの谷から脱出を試み始める。ちょうどそんなとき、乗組員を補充しようとするオーストラリアの捕鯨船が海岸にやってきた。そのニュースを聞いたメルヴィルと親しかった村人たちは、彼を海岸まで連れていった。捕鯨船はマスケット銃や弾薬、綿製品などと交換に、メルヴィルを受け取ろうとした。メルヴィルは、ファヤワイをはじめ彼の世話人たちに別れを告げた。

だが、メルヴィルの逃走に反対する人々もいた。ボートを漕ぎ捕鯨船に乗り組もうとする途中、彼を追撃してきた親しかったマウマウを、メルヴィルはボート・フックを打ちおろし殺戮《さつりく》した。こうして彼は、オーストラリア船に乗り込むことができた。マウマウの殺戮は、メルヴィルの彼らに対する憎しみが具現されたものだった。『タイピー』はタイピー社会の裏と表と、メルヴィルの人々への親愛の念と憎悪とが交錯した作品であった。

メルヴィルは屈折した念をかかえて、タイピーの谷をあとにした。しかし、少なくとも彼を滞在させたことは、小説の舞台となったタイピー側にもそうしたかった意図があったと思われる。開始されたヨーロッパ人の植民地活動により、ヌクヒヴァの港湾がフランス艦隊の拠点となり、フランスに接近した周辺のタイオアやハパの谷の住民と彼らと対立関係にあったタイピーとの力関係は、大きな変容をとげていた。ヨーロッパ人の持ち込んだやり方には満足できないが、その銃や大砲は、人々の武力より優越していることが否定できなかった。物語では、タイピー渓谷に迷い込んできたメルヴィルに、人々がフランス人の動向を熱心に尋ね、またタイピーの首長はメルヴィルに、ヨーロッパ人が残した錆ついたマスケット銃の修理を期待したとされている［メルヴィル　1981：159］。おそらく人々は、乗組員補充のためにときどき寄港する欧米船と武器などの物品を交換するために、また外部世界の情報を得るために、彼のような存在を確保しておきたかったのであろう。

その後メルヴィルの作品が話題となり、一八四八年にはタイピーの谷をたずねる訪問者もあらわれた。彼らに対し島民は、「飾りっけのない」ファヤワイが、黄色いナイトガウンを着て子どもをあやしながら、フランス人将校のズボンにアイロンがけをしていると、笑いながら話したという[Dening 1980:149]。『タイピー』は、あくまでも文学作品であった。

一方タイピーの人々が、外来者と接触するなかでいかなる世界観をつくりあげたのか、重要なテーマであるが、残念ながら記録が残されていない。これに対し、前章まで検討してきたトバ・バタックの場合には、その記録が残されている。

ソマラインとモディリアニ

『タイピー』で垣間見られたように、ヨーロッパ人の力の優越性を印象づけられながら、もたらされた新秩序に満足できない人々は、植民地支配者と異なるタイプのヨーロッパ人にしばしば強い関心を示す。そうした人物が植民地支配者と異なるやり方で、ヨーロッパ人の力に与る方法を示してくれるかもしれないと思われるからであろう。時代の変動期にそうした人物があらわれ、人々と身近に交流したとき、新たな運動を誘発することがある。大きな社会変容を体験していたバタック人のあいだでは、それが現実となった[弘末 1990]。

トバ・バタックの地を、一八九〇年十月〜九一年四月にイタリア人のエリオ・モディリアニという人物が旅行した。彼はイタリア地理学会の会員で、まだヨーロッパ人によく知られていないスマトラ西海岸の島々やバタック地域を紹介するための探検家であった。モディリアニは一八八六年ニアス島の調査にあたり、その後関心をバタック地域に向けた。彼はオランダ東インド総督より、全インドネシアの旅行許可を取得していたが、バタック地域のなかにはまだオランダ支配に服してない場所があり、彼がそうした地を訪れるためには、現地の案内人を必要とした。一方バタック人にとって彼は、オランダ人ともドイツ人とも異なる目的をもつヨーロッパ人だった。

モディリアニがバタック人から注目を浴びる最初のきっかけは、彼が一八七八年と八三年にオランダ軍との戦いに敗れ焼討ちされたシ・シンガ・マンガラジャの本拠地、バッカラに足を踏み入れたことであった[Modigliani 1892:71–77]。この旅行家はオランダ政庁のボートで、若干名の政庁警察軍の護衛のもと湖畔を探索した。バッカラに船が着くと、モディリアニは警察軍を残し、村に足を踏み入れた。そのため、その地の人々と会話する機会がもてたのである。

シ・シンガ・マンガラジャの居住地であったバッカラのルンバンラジャにやってきたと

き、人々はモディリアニにいろいろな質問を投げかけた。そのなかに、「あなたの王は誰ですか」という問いがあった。モディリアニは、ローマ教皇を意味するラジャ・ローマ（ローマ王）と答えた。するとこのラジャ・ローマの答えに、人々は異常な関心を示し始めた。「なぜロム王は、われわれがいつも馬や水牛などの多くの捧げ物をしているのに、われわれの願いを聞き届けてくれないのか」と聞き返した［Modigliani 1892：76］。モディリアニは、最初このロム王が何を意味するのか理解できなかった。

ロム（正確にはルム）王は、イスラーム世界で語られたイスカンダル・ズルカルナイン（アレクサンドロス大王）伝承に登場する王の名前であり、その伝説はスマトラ島を含め、マラッカ海峡域の人々のあいだに広く流布していた［Marsden 1811：341-342；Verslag 1856：283-284］。トバ・バタック人の伝承によれば、アレクサンドロス大王はその王国を三人の息子に分け与えたという。長男はルム王（オスマン朝のカリフ）、第二番目は中国の王、第三番目はスマトラ島中央部のミナンカバウの王となった。トバ・バタック人のなかには、シ・シンガ・マンガラジャがミナンカバウ王の代官であると信じる人々がいた。またアチェが十七世紀以降に隆盛し始めると、シ・シンガ・マンガラジャはオスマン朝と外交関係のあったアチェのスルタンからも、その権威を認められたとみなされていた。こうしたなかで、トバ・バタック人が下バルス王家を介して貢納していたラジャ・ウティは、人々からルム王も含めた外部世界の力を象徴した存在になっていた。今、オランダ軍によって村を焼討ちされたバッカラの人々の前に、ヨーロッパ人でありながらバタック語を話し、自分の王はラジャ・ローマ(「ラジャ・ルム」と人々には聞こえた)という人物があらわれたのである。

やがてトバ湖周辺にルム王の使者があらわれたという噂が広がり始めた。この噂にとりわけ敏感に反応したバタック人がいた。もとダトゥ(呪術師)で、シ・シンガ・マンガラジャ十二世のアドヴァイザーであったグル・ソマラインという人物であった。ソマラインは、一八七八年と八三年のシ・シンガ・マンガラジャのオランダとの戦いに参加し、とりわけ八三年の戦闘ではシ・シンガ・マンガラジャを熱心に支援した。しかし、二度の戦闘に勝利をもたらさなかったこの呪術師の言葉にシ・シンガ・マンガラジャは耳を貸さなくなり、二人は袂を分かった。

シ・シンガ・マンガラジャはその後、それまで関係の深く、オランダ支配に服属していたバルスの支配者やスマトラ東岸のアサハンのスルタンに、オランダへの仲裁を求めた。一方、ソマラインも戦闘から離脱したが、そのまま植民地体制に従う気持ちになれなかった。のちの彼の証言によると、植民地首長に任命された首長たちが大きな権限を得て、そ

モディリアニ

トバ湖畔の村の首長とダトゥ(20世紀初め)　　右のダトゥは呪術用の杖を持っている。

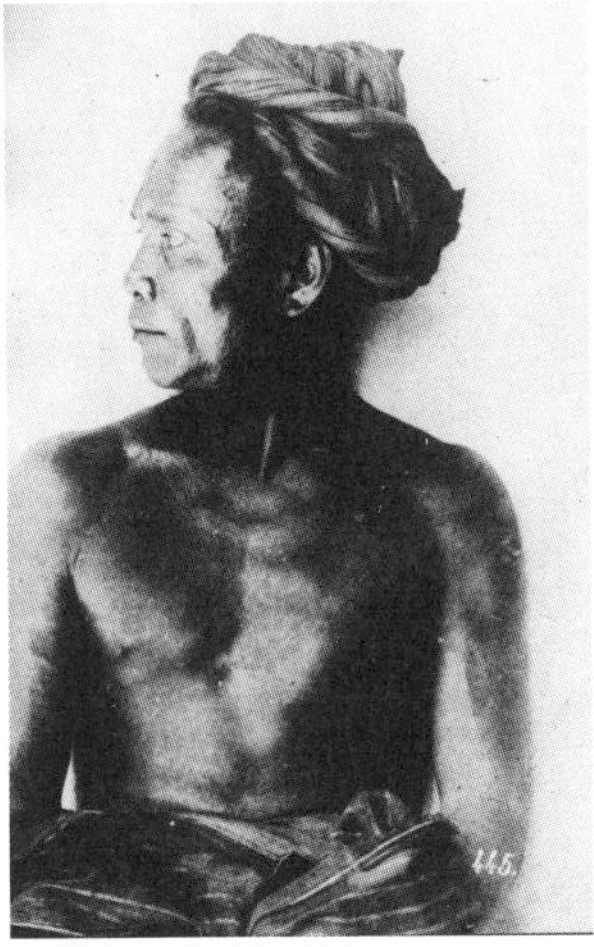

モディリアニが撮影したソマライン

れを裁判で乱用し、一般の人々を苦しめているというのである[Proces-Verbaal 1896]。またキリスト教会の活動については、宣教師がバタックの習慣である男が自分の兄弟の寡婦《かふ》を第二夫人として娶《めと》ることを認めないことに、大きな不満を感じていた。彼には、新体制よりも以前のほうがよかったと思えた。ソマラインは当時、オランダ政庁やキリスト教会の力が抗しがたいものであることを認めつつも、その支配が同時に種々の混乱を引き起こし、ディレンマに陥ったのである。

こうして苦悩していたある日、彼は離れの家で休んでいるときに、神より啓示を受けたという[Proces-Verbaal 1896]。

私はこうした問題を、どうすればそれがよくなるか考えていた。するとイエスが私の離れ家にあらわれ、私の肉体を地上に残したままで、私の魂はイエスによって天に導かれ、神のもとに連れていかれた。神は、私が「神の弟」であること、私は人々に新たな教えを説くよう遣わされていること、そして私の信者がパルマリム〔神聖な者〕であることを、私に知らせた。

ソマラインの魂はイエスに導かれて天に行き、神から新たな教えを説くよう命を受けたとされる。この天で出会った神は、ソマラインによれば、バタックの旧来の神ではなく、

「ジャホバ」(ヤハウェ)の神で、キリスト教徒の信仰している神と同じ神であるという。ただし、このヤハウェに至る道は、ドイツ人宣教師が説いたやり方とはかなり異なるもので、きわめてバタック的なものであった。バタック人のあいだでは、呪術師が夢や幻覚のなかで心霊から啓示を受けるということはしばしばあった[Winkler 1925:75]。

このヤハウェの神がソマラインに布教するよう命じた教えとは、キリスト教のそれとはかなり異なっている。ソマラインはキリスト教に関心をもったことは事実であるが、教会のやり方に不満でキリスト教徒にならなかった。彼に啓示されたヤハウェの教えとは、年上の者を敬え、嘘をついてはならぬ、心と体を浄めるため豚や犬の肉を食してはならぬ、病気で死んだ動物の肉や血を食してはならぬ、ということであった。これらはとりたてて新しいことではなく、トバ・バタック人の伝統的道徳律であった。

ソマラインの信者が名乗るパルマリムという語は、トバ・バタック語で「神聖な」を意味するマリム(malim)を語幹とする語で、「宗教的指導者」を意味したアラビア語ムアリム(mualim)に由来した。おそらくこの語がトバ・バタック社会にもたらされた際、彼らの神聖観念と結びつき、もともとのアラビア語の意味から離れたものと考えられる。たとえば、シ・シンガ・マンガラジャにトバ・バタック人は「七倍神聖な王」(napitu hali malim「非の打ち所のない神聖な王」の意味）という語句をしばしば奉じていた［Sidjabat 1982：442］。この王と、王によって任ぜられた祭司らは、犬や豚の肉を食べなかった。この戒律がイスラームに由来するものか、ヒンドゥー教の影響によるものか、議論の余地はあるが、この規律がトバ・バタック人の伝統的宗教の一部となって久しかったことは否定できない。この戒律を、ソマラインは宗教的エリートのみならず、彼の信者すべてに課そうとしたのである。また彼にとって、食人の対象となった人の姿をした悪霊とされた被処刑者が、「神聖な者」でなかったことはいうまでもない。

ソマラインの新しい教えの要点は、キリスト教の神が、トバ・バタック人の道徳律を守るよう説いたということである。夢や幻覚という、これまでのトバ・バタック人の宗教家がよくおこなってきたやり方で、また人々の従来の神聖観念を保持したままで、新しい力の源のヤハウェに至ったのである。彼がヤハウェの神から啓示を受けたのは、モディリアニがトバにあらわれる直前の頃と推定される。

ヤハウェからバタックの伝統的道徳律を広めるよう啓示を受けたソマラインは、モディリアニの出現に、大きな期待を寄せた。前述したルム王の使節があらわれたという噂は、間もなくソマラインにも届いた。彼は誰よりも早く、バリゲに滞在していたモディリアニを表敬訪問した。モディリアニによると、ソマラインは政庁の許可なく彼の宿舎の敷居をまたぎ、警備兵を飛び上がるほど驚かせたという[Modigliani 1892:84]。ヤハウェの啓示をとおして、ヨーロッパ人の力に与ることができるという信仰をもち始めていたソマラインにとって、この来訪者はとりわけ特別な人物にみえたのである。

そして、ソマラインのモディリアニに対する期待を一段と高める出来事が起きた。モディリアニはオランダ領に入っていないアサハン川上流域を探検したかった。しかし、バリゲのオランダ人監督官は、他国人が政庁支配下にない地域を踏査することは身の安全を保障できないため、このイタリア人の探検を許可しなかった。オランダ東インド総督より旅行の許可状を得ていたモディリアニは、バリゲの監督官に大そう不満をもった。そこで彼は、こっそり旅をしてやろうと決心し、その案内役をこの地域で顔の利いていたソマラインに頼んだのである。モディリアニはソマラインに自分の希望を伝えた場面を次のように記している[Modigliani 1892:85]。

ソマラインの返事を待っているあいだ、私の鼓動は高鳴った。ソマラインは随分長いあいだ、私を待たせた。……すると突然ソマラインは、答えるというよりも叫んだ。彼は私の手を彼の胸もとにもっていき、私の両頬に口づけし、歯さえつき刺した。

「ロム〔ルム〕王はオランダを打ち払うため、あなたを遣わした。私もあなたのお手伝いをします」。

ソマラインは、モディリアニの申し込みに熱狂的な喜びをもって応じた。これは単なる思い込みがもたらした出来事ではない。モディリアニの表情のなかに、彼はオランダ人への不満を見て取ったのである。ヨーロッパ人でありかつオランダ人のやり方に不満をもつ人物、それは植民地支配者と対抗するためソマラインが求めていた人物であった。モディリアニこそは、まさしくヨーロッパ人の力をトバ・バタック人と共有してくれる人物と彼には思われたのである。

モディリアニとソマラインは、こののち一八九〇年十二月十九日から翌九一年一月二十四日までオランダの影響力の及んでいないトバ・バタック東北部とアサハン川上流域を踏査旅行した。その後モディリアニはバリゲに帰還し、その成果に満足して一八九一年四月にバタックの地をあとにした。モディリアニは、その著書『独立したバタック人のあいだで』(一八九二年)のなかで、ソマラインの役割を絶賛し、もし彼の助けがなかったならば、踏査旅行ができなかったばかりか、人喰いのバタック人の餌食になったかもしれないと述懐している[Modigliani 1892:86]。

モディリアニはオランダを打ち払わずに去ったが、こうしたヨーロッパ人が出現したこと自体にソマラインは満足し、自己の教義に自信を深めた。のちのソマラインの調書は、モディリアニがソマラインに、ある特別な方法でオランダ人を打ち払う力を授けたことを語っている。それによると、ルム王の使者はソマラインに妹を与えようとしたというのである［Proces-Verbaal 1896］。

そこで彼〔ルム王の使者〕は私が結婚しているかどうか尋ねた。私の然りという答えに、彼は残念だと語った〔私はすでにこの人がルム王の息子であることを知っていた〕。というのは、彼にはルム王が私にと定めていた妹がいたからである。したがって、私は彼に私がルムの地に彼とともに行きたいと告げた。しかし、私は結婚しており、家にとどまるべきであると言われた。というのは、そこで生まれてくる正義の者の到来を待たねばならないからである。七年すれば彼は、彼の父ルム王とともにやってきて、そのとき私は彼らと一緒になれるのである。

トバ・バタック人の習慣は、婚姻をとおして、妻を娶る側は妻を与える側の力を共有できるとする［Vergouwen 1964:83］。したがって、モディリアニをルム王の息子とするソマラインの解釈に従うと、モディリアニがルム王の力を、婚姻をとおして彼に与えようとしたのである。しかし、ソマラインは結婚していたので、それは直接的なかたちで実現しなかった。

ルム王の力の授受は、ソマラインによれば次のようになされたという[Proces-Verbaal 1896]。

数週間彼〔ルム王子〕とともにいたのち、私は彼と別れ、オランダ領になっていないタンバに住んでいる妻のもとに戻った。帰った夕方、私は右手に強い力を感じた——私ははっきりとそれを感じた。夢を見ていたのではない——すると右手は見えなくなった。それは神の手に違いなかった。その後私は突然眠りに落ちたが、すぐに糸を紡いでいた私の妻に起こされた。

妻が言うには、筆舌に尽くせないほど美しい男が彼女のもとにやってきて、太陽に似た日の玉のようなものが、彼とともにあらわれ、妻は誘惑に抗することができず、彼のなそうとするままに従った。すると突然男と太陽は消え去った。妻は私を起こし、何か見なかったか尋ねた。

私は即座にルム王の息子の予言を思い起こし、妻に大いにいいことが起こることを告げた。次の日、私たちは祝宴をもち、神の恵みを願って供物を捧げた。私の妻は妊娠した。

ソマラインは、妻が妊娠したのは、彼が神と交信をしているあいだに、彼女が美しい男と交わりをもったためであると信じていた。こうした超自然的存在との交わりによって妊娠する話は、トバ・バタック人のあいだでよく語られていた。たとえば、シ・シンガ・マンガラジャ一世の母も、バタラ・グル（シヴァ神）との超自然的な交わりがあったとされていた[Dijk 1895:299]。ソマラインはこの出来事をルム王子の予言と結びつけ、ルム王の力がトバ・バタック人の宗教観念にのっとった方法で彼の家族に授受されたとしたのである。

ソマラインによると、この新たに生まれる息子こそ、待望された正義の人間になるという。彼は、この子がやがて新たなシ・シンガ・マンガラジャになると信じていた。ソマラインは、ルム王とシ・シンガ・マンガラジャとはともに神の子であり、兄弟と考えた。そして、ルム王とルム王子とが七年後にあらわれると、彼らの力の前にオランダはバタックの地から追い出され、新たなシ・シンガ・マンガラジャがこの地を支配する、と信じたのである。

ソマラインのトバ・バタック人の価値観を保持したままでヤハウェの力に与れるという信仰は、トバ・バタック人とその力を共有しようとするヨーロッパ人が出現することで、人々に具体的にその確かさを印象づけることとなっていった。自分のみでは植民地勢力と対抗しがたいソマラインにとって、彼の教義を立証するうえで、こうした人物はどうしてもなくてはならない存在であったのである。

ソマラインは、トバ・バタック地域全域で熱心に新たな教えを説いてまわった。彼の教義にもっとも積極的に反応したのは、トバ湖畔東北部の人々であった。この地域は、先に述べたように一八九〇年よりドイツ人宣教師が活動を開始し、また有力首長たちはオランダとも接触を開始した。またアサハンのスルタンも、彼ら有力首長を介して、トバ・バタック地域にタバコのプランテーション企業を進出させようと画策していた。このように急速に外部勢力の影響をこうむり始めたこの地域の首長らにとって、ソマラインの説く、新しい力の源で従来どおり社会秩序が保持できるとする教義は、魅力的であった。

オランダは一八九二年、トバ湖畔東北部を植民地支配下に取り込み、植民地首長を任命して、労役などの植民地義務を導入した。するとこの地域の人々は、オランダに服属する義務はないとし、これに抵抗した。いざとなるとルム王があらわれ、彼らを助けると人々は期待した。オランダは、運動を何度か弾圧し、ついに一八九五年ソマラインを逮捕し、翌年ジャワへ流刑に処した［弘末 1994: 273］。

バタック人の世界観

ソマラインなきあとも運動は継続したが、人々の期待に反してオランダの影響力はむしろ強化された。二十世紀に入ると、オランダはインドネシアにおける植民地化を強力に推進した。一九〇三年に北スマトラのアチェのスルタンを廃絶したオランダは、翌年ガヨ・アラス地域を制圧し、その後バタック地域全域も支配下に組み込み、一三年にスマトラ全島の植民地化を完了した。そのため、一八八三年以降バタック地域の西北部に潜伏していたシ・シンガ・マンガラジャ十二世も、一九〇七年植民地軍の銃弾の前に倒れた。

先にも述べたように、トバ・バタック地域はダイリ、アンコラ、マンダィリンとともにタパヌリ州を形成した。オランダは当初政庁に協力的な首長を、郡長、副郡長、村長に任命したが、郡の数が多すぎると判断して郡の統廃合を進め、一九一六年以降その上位に地方長、副地方長を導入し、住民は副地方長に直接問題を訴えることができるとされた。

こうしてバタック人首長たちの役割を低下させた植民地支配は、ヨーロッパ人の活動に対するバタック人の疑問を強めることとなった。従来の政庁やキリスト教会の活動は、少なくともバタック人の価値意識のある側面を満足させ、首長たちの協力を得ることができた。しかし政庁の統治機構の改革は、バタック人の首長の誇りそのものを失わせようとしていた。こうした状況下で導入された労役や人頭税などの諸義務は、人々にとって、その意義は理解しがたく、重荷となった。またバタック人首長の権威を保持させることに寄与したキリスト教会も、植民地政策の転換により首長らの願望をかなえにくくなった。ヨーロッパ人宣教師とバタック人キリスト教徒との、教区基金をはじめとする教会運営の権限の不平等が問題となり始めた。

他方で、植民地秩序を所与のものとして育った新しい階層が登場した。彼らはミッション・スクールで教育を受け、多くがキリスト教徒であった。彼らは植民地体制下で、プランテーション企業や政庁の公共事業での労働、市場での商業取引、家畜の飼育・販売や森林生産物の採集・取引などに従事し、外部世界の動向を関知した。そのためさまざまな「近代的」価値観とも接触した。パルマリム運動も、新しい観念によるバタック人の位置を再解釈するにいたるのである。

ソマラインの逮捕されたのちも運動は継続したが、ヤハウェやルム王は信者たちの期待に応えようとしなかった。これに対し一八九八年頃、ソマラインの元信者であったシ・ジャガ・シマトゥパンという人物が、オランダ植民地支配が、バタック人の旧来の至高神であったムラジャディ・ナ・ボロン神のくだした罰によるものであるという教義を説き始めた［Boer 1915: 184–195; Hoetagaloeng 1922］。

シ・ジャガの居住したトバ高原は、すでに一八七〇年代後半よりキリスト教会が活動を開始し、オランダの軍事的優位が七八年のシ・シンガ・マンガラジャとの第一回目の戦闘後に確立した地域であった。その意味では、ソマラインよりも早く植民地的社会環境におかれていた。シ・ジャガは金細工師であった。金細工師は貴金属の細工をおこなうとともに、小規模な金融業を営んでいることが多かった。だが、比較的潤沢な財源に支えられたキリスト教会が、教区基金をもとに低利の金融活動を営み始めると、シ・ジャガら金細工師の零細な金融業は打撃をこうむらざるをえなかった。彼はそこでソマラインの信者となった。しかし、ソマラインの教えどおりに事が運ばなかったことから、ヤハウェへの信仰に疑問をもつようになった。

シ・ジャガによると、こうしたある夜夢でムラジャディ・ナ・ボロン神より「マリムの教え」が啓示されたという。バタック地域におけるオランダ支配は、ムラジャディ・ナ・ボロン神のバタック人の「罪」（ドサ）に対する罰であり、この罰を自覚し、「マリムの教え」を守るとき、神はバタック人を許し、オランダ支配も終わるというのである。

ムラジャディ・ナ・ボロン神は、キリスト教が優勢になるまで、この世界を創造し、また人類の運命を司ると、トバ・バタック人に信奉されていた[山本 2007：231–256]。この神に対する信仰を蘇生させるためにシ・ジャガは、「罪」という原理が全世界の人々に共有されているものと考えた。金の取引のために隣接するスマトラ東岸のシマルングンの金の産地を往来していたシ・ジャガは、プランテーション企業やその周辺で就労したインド人、中国人、ジャワ人、マレー人、日本人、ヨーロッパ人の存在を知っていた。栄養分豊かな土壌を含むブキットバリサン山脈が緩やかな傾斜を形成するスマトラ東岸には、十九世紀後半以降タバコをはじめとするプランテーション企業が多数参入した。彼は、これらの諸民族の今日の境遇が、神に対する「罪」によって定められているとみなした。

彼はまず、キリスト教の聖書とオランダのシンボルである三色旗のなかに、現在のヨーロッパ人の優位を説明する原理があると考えた[Boer 1915：192–193]。彼はそこで、旧約聖書のノアと三人の息子の話と、オランダの三色旗とを関連づけた。三色旗の「赤」はノアの長子のセムの子孫をあらわし、ユダヤ人やバタック人、マレー人、ジャワ人、中国人、日本人がこれに属し、「白」はハムの子孫をあらわし、インド人がこれに属する、「紺」はヤペテの子孫で、ヨーロッパ人がこれに属する、とシ・ジャガは考えた。

スマトラ東岸州のタバコ・プランテーション(20世紀初め)

ピアラジャ(シリンドゥン)の教会　1864年５月29日に開設と記されている。

さらに旧約聖書中に述べられている、酔って裸になったノアをしかるべく介抱しなかったハムは、三人の子どもたちのなかでもっとも罪深く、その子孫であるインド人は、現在もっとも惨めな境遇におかれている。一方、長子のセムと三男のヤペテは、神の祝福を受けたが、現在はヤペテの子孫のヨーロッパ人がもっとも神の恩恵をこうむっている。その結果、セムの子孫であるバタック人を支配するにいたっている。シ・ジャガは、バタック人が、神の教えに背き、罪を犯したためである、と彼は考えた。これはバタック人が、神聖書中のユダヤ人と同じ先祖の子孫と位置づけ、バタック人を旧約の復活が、植民地支配を終焉《しゅうえん》させる方法であると考えたのである。

そのしかるべき信仰にもどるために、ムラジャディ・ナ・ボロン神が啓示した教えとは、(1)神を崇拝せよ、(2)王を敬え、(3)すべての人間を愛せよ、(4)まじめに働け、(5)姦淫してはならない、盗みをしてはならない、(6)卑しい者を愚弄してはならない、(7)盲人を欺いてはならない、(8)貧しい者のために頼母子講《たのもしこう》を設けよ、(9)銭や米に利子をつけてはならない、(10)豚や犬の肉や血を食してはならない、ということであった[Hoetagaloeng 1922]。

運動のなかで「マリムの教え」という語を継承していることと、(10)の教義がソマラインの説いたものと同一であるが、ほかの教義はソマラインのものとかなり異なっている。ソマラインが保持しようとした「伝統的」価値観のうちには、⑶すべての人間を愛せよ、とか⑹⑺⑻のように、卑しい者、盲人、貧者を蔑んではならない、という道徳律はなかった。植民地支配前のバタック社会において、卑しい者、盲人、貧者は、神の力に十全に与っていない者であり、蔑視されても仕方のない存在であった。だがシ・ジャガは、いかなる人間でも罪を自覚して贖《あがな》えば、神より許されると説いた。この「罪の贖い」(ハセサオン・ニ・ドサ)という語は、シ・ジャガがキリスト教会から借用したものである。彼はこの観念を徹底させ、現在虐げられていればいるほど、その罪を自覚しやすく、贖うことができると考えた。ちなみに食人は、⑶の教えに反しており、バタック人が重い罪を犯してきたことにほかならなかった。

シ・ジャガは彼の教えを説く際、自らのことをナ・シアク・バギ(卑しき生まれの者)と称した。これは、彼自身が現世で虐げられた状態にあるがゆえに、罪を自覚しやすく、ムラジャディ・ナ・ボロンの神意に与る道も開かれている、ということを意味した。

パルマリム運動におけるソマラインからシ・ジャガへの転換は、植民地社会における世代交替を意味した。それまでのトバ・バタックの価値体系のもとに身をおいたソマラインよりも、シ・ジャガにとってキリスト教は身近で所与のものだった。またルム王とソマラインの役割を一人で担いうるのも、植民地体制を支える原理を会得したとする自覚からである。こうした植民地体制下でもたらされた理念を活用してバタックの存在を位置づける方法は、近代政治思想を基盤にインドネシア民族主義を築き上げたナショナリストのものと基本的に同じであった。

シ・ジャガの教えは、徐々に信者を増やしていった。彼はトバ地域やシマルングン地域を遊行して教えを説いた。変動する状況下で広く世界のなかでバタック人を位置づけ、か

トバ湖畔に建てられた現在のシ・シンガ・マンガラジャ12世の墓　彼はインドネシア共和国から民族英雄の一人とされている。

つ頼母子講をもつ彼の教義は、ソマラインの信者たちのみならず、その地位が不安定になりつつあった首長たちや、ドイツ人宣教師との権限の差異に不満をもつバタック人キリスト教徒など、幅広い階層に支持を得た。シ・ジャガは、啓示を受けたのちの一〇年ほどのあいだに、トバ地域に幅広く、またシマルングン地域の一部にも信者を獲得した［Boer 1915:193–194］。

運動の拡大は、次第に人々にシ・ジャガによるオランダ支配からの解放を期待させることとなった。二十世紀初頭、オランダは支配領域を拡大するとともに、シ・シンガ・マンガラジャ十二世を倒した。オランダはシ・シンガ・マンガラジャの死体をバリゲとシリンドゥンで晒し、人々にオランダ支配の確立を印象づけた［Sidjabat 1982:300–301］。だがバタック人にとって、前代のシ・シンガ・マンガラジャが亡くなると、その魂は次のシ・シンガ・マンガラジャに移るものとされた。オランダは十二世の死後、シ・シンガ・マンガラジャ再来の噂に悩まされた。そこでオランダ政庁は、シ・シンガ・マンガラジャ十二世の墓を暴き、十二世が死去したことを再確認し、新たな人物がシ・シンガ・マンガラジャとみなされていることを知った。その一人がシ・ジャガであることがわかると、オランダは一九一〇年彼を逮捕した。

インドネシア民族主義と伝統の再生

植民地体制は、バタック人にヨーロッパ人をはじめ周辺他集団との交流をもたらし、その世界観に修正を迫った。こうしたなかで、彼らはインドネシア民族主義と出会うこととなった。

オランダ人とも共有された原理をもとに教義を構築したシ・ジャガの逮捕は、運動の終焉を必ずしももたらさなかった。一九一〇年以降この運動を指導したのは、キリスト教会の元長老や元学校助教諭ら元キリスト教徒たちであった。長老は、教区にあって宣教師に次ぐ地位にあり、政庁より郡長や副郡長、村長の職に任ぜられなかった首長がこの地位に就くことが多かった。シ・ジャガの運動の後継者となったムリア・ナイポスポスは、ラグボティ教区の長老を勤めていた。ムリアは、元シ・シンガ・マンガラジャより任ぜられた祭司であったが、一八八三年のシ・シンガ・マンガラジャ十二世の敗退後はキリスト教に入信し、熱心な信者となった。

しかし、ムリアはやがてキリスト教に疑問をもつにいたった。キリスト教会の医療活動が、トバ・バタック人の美徳である大家族の維持に役立ったことは前に述べたが、ムリアは入信後に、母親と子ども二人を亡くした。また長老は教区の要職であったにもかかわらず、教区基金の運営権が宣教師の手に委ねられていた。これらに疑問をもったムリアは、罪の自覚と頼母子講の創設を説くシ・ジャガの教えに引かれた。

キリスト教会に不満を抱いてシ・ジャガの教えに入信したのは、ラグボティ教区で助教諭をしていたガイウス・フタハエアンの場合も同様であった。ガイウスは、教区におけるヨーロッパ人宣教師とバタック人キリスト教徒の権限の差異に疑問をもつとともに、教会の運営する教区基金の貸付けが利子つきでなされることが、利子をつけることを禁じた聖書の教えに反しており、不満であった。ガイウスは、ムリアから「マリムの教え」を聞いたとき、その内容が聖書に書かれたことと一致していると感じたという［Hoetagaloeng 1922］。

ムリアとガイウスは、パルマリムとなったのち、キリスト教の影響を受けた知識をとおして植民地体制下で消滅しかけていたバタックの伝統の復権を試みた。まず二人は、キリスト教の普及とともに後退したバタックの動物供犠をともなう祭儀の復活をはかった。キリスト教会は、布教活動の進展とともにバタックの伝統宗教の中核をなした動物供犠をともなう共同体の儀礼の廃止をオランダに働きかけ、その禁止をとりつけた。だがガイウスは、旧約聖書中に多くの動物供犠の記述が存在し、教会がバタックのそれを禁じたことは不公平であると考えた。彼はムリアとともに、ドイツ人宣教師やオランダ人監督官に供犠儀礼の復活を嘆願した。二人の説くことが直接植民地秩序に関与しないと判断した政庁は、パルマリムの祭祀における供犠をともなう儀礼の執行を認可した。

またガイウスはシ・シンガ・マンガラジャ信仰に関して、旧約聖書のイスラエル人のモーセに対する信仰のアナロジーを用いて表現した。旧約聖書を根拠にパルマリムの供犠儀礼の執行を認めさせたガイウスに対し、所轄のドイツ人宣教師は、彼がなぜキリスト教会の活動に敵対したシ・シンガ・マンガラジャを崇拝するのか尋ねた。ガイウスはふたたび旧約聖書の記述を引用し、イスラエル人がモーセを神の代理として尊崇したことにより苦

晩年のムリア・ナイポスポス

難から逃れることができたように、バタック人もシ・シンガ・マンガラジャを神の代理として尊崇するのであると答え、その信仰の正当性を主張した［Hoetagaloeng 1922］。ガイウスはすでに幼少の頃からキリスト教徒であり、彼はキリスト教が入ってくる以前のバタック社会における供犠儀礼の意義やシ・シンガ・マンガラジャ信仰については直接的に知らなかった。彼にとって、供犠儀礼やシ・シンガ・マンガラジャ信仰は、聖書の記述をとおして正当化されたものであった。

シ・ジャガ、さらにはムリアやガイウスによるバタックの至高神やシ・シンガ・マンガラジャ、伝統儀礼の復権の試みは、同様にバタック地域のほかの宗教運動にもみられた。彼らの運動が展開した一九〇〇年から一〇年代は、先にも述べたように北スマトラの植民地化が全域に及び、従来の社会構造に大きな変容を迫るとともに、植民地体制が交通・運輸の発展をもたらし、各地域間の交流を促進した時期でもあった。このためバタック地域にもさまざまな宗教や民族主義思想がもたらされた。また他地域で活動する人々も増加した。

バタック人の周辺他地域での活動は、その活動を規制する植民地体制の桎梏《しっこく》を意識させるとともに、他民族との対立関係を生ぜしめた。スマトラ東岸におけるプランテーション企業の活動は、ジャワ人や中国人などの農園労働者の数を増大させるとともに、その周辺での商業、運輸業、農業において中国人やジャワ人のほかマレー人やミナンカバウ人、バタック人の参入を促すこととなった。だが、こうした部門でバタック人の若年層が活躍するためには、相応の教育が必要であった。中・高等教育機関をほとんどもたなかったバタック地域の教育は貧弱であった。バタック人はそこで中・高等教育の充実を政庁や教会に求めたが、政庁と教会はこれに十分応えなかった。さらにマレー人支配者のもとでは、マレー人が法的に優遇され、バタック人の教会活動は規制された。そして非ムスリムのバタック人は、マレー人やミナンカバウ人から「不潔だ」「粗野だ」としばしば蔑視された［Castles 1972:179］。

これに対抗してバタック人は自己の集団的基盤を、ジャワを拠点に台頭しつつあったインドネシア民族主義運動と連携させ強化しようとした。ジャワ島でオランダ領東インドのムスリムの物心両面における利益の向上を唱えて一九一一年末に設立されたイスラーム同盟（サレカット・イスラム）は、インドネシア民族運動史上最初の大衆政党となった。一九一三年に会員数三〇万人を超え、一五年頃よりスマトラ島でも支部を形成し始めた［深見 1996:51–52］。増加する会員のあいだでは、イスラーム同盟の力はやがてオランダをも凌ぎ、もはや労役や人頭税などの植民地義務に服する必要がないと唱える者があらわれた。こうした状況下で活性化した北スマトラのムスリムからイスラームの秘儀を教わったバタック人は、「アッラーのほかに神はなし、ムハンマドは神の使徒」を唱えながら、激しく体を揺さぶるイスラーム式祈禱法(ジクル)を用いて、ムラジャディ・ナ・ボロン神やシ・シンガ・マンガラジャ信仰を復活させた。一九一五〜一七年にかけてバタック地域で隆盛したパルフダムダム運動の指導者たちは、この祈禱法によりシ・シンガ・マンガラジャより不死身の術が授かると唱え、オランダ政庁やバタック人キリスト教徒に対抗した。運動はトバ地域からプランテーション企業が活動したシマルングン地域やカロ地域へと広がり、しばしば政庁と衝突を起こした[弘末 2004:187–193]。

また、シンガポールやバタヴィアで七日目再臨派やメソディストの影響を受けた人々は、一九一七年にトバ地域でバタック・キリスト教徒連合を設立した。彼らはプランテーション企業のトバ地域への進出に対する反対運動を進めるとともに、バタック人キリスト教徒の地位の向上を唱えた[B. R. M. 1919:44]。このバタック・キリスト教徒連合の会員の多くは、当時インドネシアで勢力を回復しつつあった、民族主義運動史上最初に「東インド」の独立を唱えた東インド党(一九一二〜一三年)の後身インスリンデに属していた。このバタッ

メダンの州立博物館に展示されている兵補や郷土防衛義勇軍の宣伝ポスターと日本占領の苦難を描いた絵

ク・キリスト教徒連合の会議において、しばしばバタック人の伝統舞踊が上演されるとともに、シ・シンガ・マンガラジャの霊力がリーダーのマヌラングに具現したとみなされた。植民地体制と周辺民族と緊張関係にあったバタック人にとって、自己の立場の正当化をはかるうえでインドネシア民族主義は、格好の観念であった。

　バタック人も決して一枚岩ではなかった。バタック人のなかでもっとも人口が多かったトバ・バタック人のなかには、スマトラ東岸に移住する者が多数あらわれ、地元のシマルングン人をはじめ、ムスリムの多かったマンダィリン出身の移住者としばしば確執を招いた。とりわけ先に移住したマンダィリン出身者は、マレー人との関係を重視し、バタック人の呼称を拒否し、マレー人を自称した。そうした緊張関係をかかえながら活動するトバ・バタック人にとって、バタック人のアイデンティティを保持するためにもインドネシア民族主義は重要であった。

インドネシア民族主義運動は、インドネシア共産党（一九二〇～二七年）やインドネシア国民党（一九二八～三一年）さらにインドネシア党（一九三一～三六年）が、ジャワ島を中心に活動を展開した。スマトラ島のミナンカバウ地域でも、インドネシア共産党をはじめ、インドネシア党に対抗したインドネシア国民教育協会が活動し、タパヌリ州南部のマンダイリン地域では、インドネシア党が支持者を獲得した。しかし、タパヌリ州の北部やスマトラ東岸州では、オランダの分断政策や規制により、運動が発展しにくかった[Castles 1972: 202–260 ; Reid 1979 : 61–62]。

その後、第二次世界大戦が起こり日本占領期（一九四二～四五年）を迎えると、日本軍が反連合国意識を高めるために、青年層やイスラーム勢力に働きかけた。郷土防衛義勇軍や兵補（日本軍が東南アジアの占領地で組織した現地人補兵）をはじめ警防団や青年団さらにイスラーム青年組織が設けられ、軍事訓練を施され、独立を志向する青年層が勢力を拡大した。その後の一九四五～四九年のオランダとの独立闘争で、トバ・バタックやカロ・バタック、シマルングン・バタックさらにプランテーション企業の労働者であったジャワ人の青年層は、武装組織を率いて活動した。一九四六年三月、彼らはインドネシア独立を掲げて、親オランダのマレー人支配者のランカット、スルダン、アサハン、クアル、ビラらのスルタン、さらに彼らマレー人支配者と婚姻関係をもったシマルングンやカロの植民地首長に攻勢をかけ、打倒した。バタック人の青年層は、彼らの伝統的美徳であった武勇を掲げ、闘争を鼓舞した。再上陸したオランダ軍は、都市部の防衛に精一杯で、その周辺の地域は青年層の勢力下にあり、彼らはオランダ軍にゲリラ攻撃を仕かけた［Langenberg 1985: 123–137］。

トバ・バタック人やカロ・バタック人さらにジャワ人は、プランテーションの跡地に進出した。彼らはそこで、シンガポールやペナンと貿易を始めた。植民地時代に変容させられた港市・後背地関係を、彼らは再編した。一九五〇年スマトラ東岸地域は、インドネシア共和国に組み込まれた。独立闘争で活躍したバタック人は、独立後のインドネシア政府の政治家や上級軍人となった。こうした状況下、一九五〇～五五年に土地を求めまた商業的利益を追求するトバ・バタック人のスマトラ東岸への移住者は、少なくても四〇年代に比し四倍以上に増えた［Cunningham 1958 : 95］。インドネシア民族主義運動に積極的に関与することをとおして、トバ・バタック人は新生国家のなかで存在感を高めた。

トバ・バタックの青年が鼓舞した武勇は、かつては食人とも関係した。ただし、彼らはもはや食人伝統に価値を見いださなかった。幼少から多くがキリスト教徒として育ち、学校教育を受けた彼らにとって、周辺集団のバタック蔑視にしばしば関係する食人は、不名誉な伝統であった。第二次世界大戦期に北スマトラに駐留した総山孝雄は、のちに当時を振り返り、バタック人が食人の風習をもっていたことを深く恥じ、人前でそれを話題にすることが彼らの大きな苦痛であり、配慮が必要だとした［総山 1975：183］。

国民国家の形成に際して、食人を負の伝統とした事例は、北スマトラだけでなく、他地域でもみられた。中国では魯迅《ろじん》が『狂人日記』において、この伝統が中国四千年の歴史のなかで中国人の精神に深くしみこんでおり、それを脱するために「子どもを救え」と唱えた［魯迅 1955］。また日本においても、自らの肉体の一部を親孝行のために供する語りが、江戸時代の後半には仏教的世界観の衰退とともに後退し、代わってヨーロッパの世界観が重視され始めた。当時の有識者が価値をおいた蘭学書は、東南アジアの現地人を愚民視したものが多く、そこに登場する、スマトラ住民が胡椒《こしょう》をまぶして人を食するとした記述は、日本人に彼らを蛮族と認識させ、脱亜入欧の姿勢を強めさせたことは想像にかたくない

［鳥井 1993］。こうして成立した近代国際秩序のもとで、カンニバリズムは否定され、地球上から姿を消すことになった。

では、バタック人のあいだで食人の語りは、消滅したのであろうか。必ずしもそうではなかった。バタック人も外国人も、かつての食人慣習に関心をもっていた。やがて国民統合が一段落し、ツーリストが彼らのもとを訪れ始めると、食人の語りがふたたび復活するのである。

ツーリズムと人喰い伝説の復活

多くがキリスト教徒となったトバ・バタック人にとって、食人伝統は彼らの脳裏から消え去りつつあった。しかし、それを意識せざるをえなかったのが、一八三四年のアメリカ人宣教師マンソンとライマンの殺害が話題になった際と、外来者からその伝統について尋ねられた場合であった。

インドネシアの独立とともに、バタック地域のキリスト教会の運営はすべてバタック人の手に委ねられた。トバ・バタック人を中核メンバーとしたプロテスタント・バタック・キリスト教会は、マンソンとライマンの殉死に関して、当初ドイツ人宣教師の見解を踏襲した。前章で触れたように、当時のオランダ人は、フタティンギの住民に二人が食されたものと判断した。その後トバ地域で活動したドイツ人宣教師も、この事件を同様に解釈した。二人が殺害された場所には、一九〇七年に記念碑が建てられ、ドイツ語で「ここに一八三四年に殺害され貪り喰われた二人のアメリカ人宣教師の骨骼《こっかく》が眠る」と刻まれた[Rykhoek 1934:4]。一九六一年にキリスト教受容百周年を迎えたプロテスタント・バタック・キリスト教会は、その前段階のマンソンとライマンの活動に言及し、彼らが食されたとする見解を踏襲した[Sihombing 1961:12–15]。

これに対しプロテスタント・バタック・キリスト教会のF・H・シアニパルは、一九七一年に二人が食されたとする解釈に反論した。アメリカ人のなかにもその解釈に疑問をもつ研究者があり、その一人ジェームズ・グールドは『スマトラにおけるアメリカ人』のなかで、バタック人は戦争状態にある敵対者でなければ食することはなく、二人は殺されたが、食された証拠がないとした[Gould 1961:113–114]。シアニパルは、二人がトバ・バタック人に喰われたとする言説が、彼らの安全を保障できなかった責任を、バタックの「蛮習」のせいにしたかったオランダ人がつくりあげたものであり、グールドらアメリカ人が二人を食したと論じなかったことを高く評価した[Sianipar 1971:46–48]。オランダ植民地主義とそれにより誇張された「食人族」のイメージを、シアニパルは払拭《ふっしょく》しようとしたのである。

ただし、トバ・バタック人のなかには、その後もマンソンとライマンが食されたとする見解をもつ人々が少なからずいた。キリスト教徒で現代社会に生きる彼らにとって、食人やアニミズムは過去のものであり、距離をもって相対化できる対象であった。キリスト教受容一五〇周年を迎えた二〇一一年に、ルンバン・ガオルが著した『バタックの使徒――マンソン・ライマンからノーメンゼンへ』は、トバ・バタック地域でのキリスト教布教をマンソンとライマンの活動から始める。そのなかで両者を、アニミズムを信奉していたバタック社会をキリスト教に導くための偉大な犠牲者とする[Lumban Gaol 2011:16]。彼自身は、二人が食されたとしないが、キリスト教受容前のバタック社会とその後の差異を意識するキリスト教徒は少なくない。彼らのあいだで、マンソンとライマンが食されたとする言説は相変わらず存在するのである。

こうして過去の伝統が意識化されていくなかで、一九六〇年代終り頃からトバ湖が欧米人のあいだで観光地として注目を浴び始めた。標高約九〇〇メートルのトバ湖は、第二次世界大戦前に、スマトラ東岸のプランテーション企業関係者の避暑地となっていた。インドネシア独立後の一九五七年以降、これらのプランテーション企業はインドネシア政府に

1907年に建てられたマンソンとライマン殉教碑

シアルラガン村に残る処刑者を解体したという石のテーブル　左側一番奥の石造物。

接収された。このため、欧米人のこの地域への関心は一時後退した。しかし、その後一九六八年に大統領となったスハルトのもとで開発経済政策が採られ、外資の導入に積極的になると、北スマトラは欧米人の関心をふたたび引きつけた。その一環として、トバ湖を訪れる観光客が増え始めた。

欧米人ツーリストのバタックに寄せる関心は、彼らのエキゾティシズムによるものであった。すでにオランダ植民地時代から、欧米人のあいだでバリ島やジャワ島とならんで、バタックやニアス島さらにはカリマンタンのダヤクへの関心が高かった。かつてのアニミズム信仰や非イスラームの独自の文化が、彼らの注目を引いたのである。そうしたなかで、バタックの食人伝統は、旅行者の関心事の一つとなった。

トバ湖に浮かぶサモシール島のアンバリータに残るシアルラガン村の処刑場跡は、旅行者にその関心を喚起させる代表的な観光史跡の一つである。この地にはトバ・バタック人が現在でも居住する伝統的家屋が存在し、かつての会議場の跡である石の椅子やテーブルが存在する。そこでは観光客がくると現地人ガイドは、処刑者がある石造物の上で抑え込まれて斬首され、別の石の上でそのあと死体が解体され、食されたと説明する。ツーリストたちは笑いながらこの話を聞く。キリスト教に改宗して五、六世代が経過している現在のバタック人にとって、カンニバリズムは比較的距離をもって語れる過去の伝統となった。一九九〇年代にトバ・バタック地域のツーリズムを調査したアメリカ人人類学者コーゼイによると、あるバタック人は彼に、自分の祖先はマンソンとライマンを食したため、彼のなかにもアメリカ人の血が流れていると陽気に語ったという[Causey 2003:83]。

ツーリスト用のガイドブックにも、バタックのアニミズム信仰とともに食人伝統に言及したものが少なくない。そこでは、本書でも述べたマースデンやユングフーンによるバタックのカンニバリズムの記述が紹介され、バタック人がスマトラ島の諸集団のなかでも好戦的な集団とみなされたことや、その風聞のために外界から閉ざされた社会を形成したことが述べられている[Lonely Planet Indonesia 2013:506;Oey 1996:86]。このためツーリストはしばしば、バタックの地が危険な場所ではないか、バタック人が今でも密かにその風習を保持しているのではないか、と想像をめぐらす[Causey 2007:258]。ただし迎えるバタック側も、それらを心得ている。そのうえでツーリスト相手に語りが展開されるのである。十九世紀後半のキリスト教布教に始まりオランダの植民地支配、その後の日本軍政やインドネシア独立闘争を経るなかで、価値観の再構築に取り組まざるをえなかったトバ・バタック人は、食人伝統をユーモラスに語ることができる余裕を得たのである。

こうしたかつての食人伝統でツーリストを引きつけようとするツアーは、パプア・ニューギニアにも存在する[栗田 1999]。そこでもトバ・バタックの場合と同様、愉快な食人話が展開しているかもしれない。それをどう評価するかは別として、そうした語りが展開していることは、否定できない事実である。それらをツーリストのエキゾティシズムやオリエンタリズムとして片づけることは簡単であろうが、それに応える当事者は、外来者の持ち込む枠組みを梃子《てこ》にして、伝統をとらえ直す作業にあたっているにほかならない。外来者の視線を踏まえ、新たな自画像をつくる行為ともいえる。

人喰いの語りは、決して過去の話ではない。現在でも生きている事象である。欧米人をはじめ人々はなぜ、カンニバリズムに少なからぬ関心を払うのであろうか。またバタックやパプア・ニューギニアの人々は、オリエンタリズムのまなざしをバネにして、いかに過去の伝統を再構築していくのであろうか。食人の語りは現在でも、異文化交流の歴史を考えるための貴重な材料を提供してくれるのである。

第6章

語りと事実の媒介者

食人慣行の史実を解明することは、本書の直接的な目的ではない。史料を総合的に検討すると、トバ・バタックやトゥピナンバの人々が食人をともなう処刑方法を慣習としてもっていたことは、史実とみなせよう。ただし、食人慣行を歴史的に確定させることは、さほど簡単でない。バタック人のあいだでもそのやり方に時代や地域によって差異があり、カロ・バタックはなかったと唱えるなど[Loeb 1972:34]、正確に実態を把握することに困難をともなう。他方、北スマトラの食人をめぐる語りは、古くから今日に至るまで、多様に存在した。そうした語りが存在したことの事実を扱うほうが、歴史研究のさまざまな問題にはるかに有益な材料を提供してくれるように思われる。

本書は、食人が現地の人々によって来訪者にいかに語られ、それをとおして外来者は当該集団に対していかなるイメージを形成したかをみてきた。カンニバリズムに対する関心が高かったムスリムやヨーロッパ人は、現地で聞かされた話をその後さらに発展させた。食人習俗をもった人々は、それを慣例にのっとりおこなったわけであるが、同時にそれに高い関心を払う周辺の人々がいたことも心得ていた。異文化交流において、人喰い習俗をいかに語るかは、当該社会の秩序維持や他集団との仲介役の存在意義とも緊密にかかわる事柄であった。

前近代のトバ・バタック人にとって食人は、社会秩序を乱す姦通者や重大な犯罪者さらに戦争捕虜を処刑するためのものであったが、同時にその語りは、病気を持ち込んだり奴隷狩りをおこなう外来者の侵入を防ぐためのものでもあった。このため、バタックにおける食人の語りは、外来者を怖れさせるものへと発展した。内陸民と外来者との仲介交易を司った港市支配者も、それに与した。これにより北スマトラの港市を訪れた外来者は、その風聞に影響され内陸部へ赴くことに躊躇《ちゅうちょ》し、港市にとどまった。北スマトラをはじめとする東南アジアの食人風聞の展開は、港市支配者の存在と緊密に連関した。「人喰い族」の存在と貴重な産品の採れる場所が、しばしば重なったことは第1章で触れた。他地域の食人の語りも、こうしたコンテクストで考察してみると、興味深い比較検討ができるように思われる。

十九世紀に入ると、まずイギリス人が北スマトラの内陸民との関係構築を始めた。これまで港市支配者や港市住民が担っていた仲介者の役割を、内陸部のバタック人首長が果たすこととなった。彼らはイギリス人やヨーロッパ人来訪者に積極的に食人を語った。ヨーロッパ人によるバタック人の食人をめぐる記述には、バタック人の野蛮さや残忍性を強調するバイアスが反映されているが、それはほかならぬ来訪者に現地人首長がそう語り、仲介役としての存在意義を訴えたからである。ヨーロッパ人が野蛮や残忍さを発見したというよりも、彼らが現地人インフォーマントからそうした側面を印象づけられたのであった。

また彼ら現地人首長こそは、現地において食人儀式を司った当事者であった。外来者との接触をとおして、実際の処刑方法も影響を受けたと思われることは、すでに述べた。一口に北スマトラの食人風聞といっても、時代によりその場所に変遷があり、その処刑方法の語りにも変化がみられた。十五世紀以前の北スマトラにおいて、「人喰い族」がいるとされたのはランブリ（アチェ）からバルスまでの後背地であった。一方、十七世紀前半期にアチェが全盛期を迎えると、その地域は中部スマトラのミナンカバウ地域まで拡大した。

またこの時代まで、食される対象として外来者がしばしば話題となった。スマトラ内陸部やアンダマン諸島に来訪者が足を踏み入れると、ただちに食されるという語りが展開したことは、みてきたとおりである。港市支配者と交易品を産する内陸部や島の住民が、緊密なネットワークを形成していたことの表れでもあった。

他方、十八世紀後半以降、トバ・バタック地域にイギリス人らが足を踏み入れ始め、また一八二〇年代後半にはパドリが侵入した。食人儀礼の語りにも、彼らの社会秩序を保持するための集団性を強調する点に力点が移った。この地を訪れた外来者に対し、処刑者を杭に縛りつけ、生きたままその肉片を参加者全員で食する処刑法を、首長たちは公然と語った。そこでは人肉の美味さもしばしば話題となった。こうした語りの変遷が、実際の処刑法とも連動したことは想像にかたくない。語りと事実との関係は、こうした内と外の媒介者の観点から検討すると、そのダイナミックな関係を提示してくれるように思われる。

二十世紀にオランダ植民地体制が確立すると、食人の語りは衰退した。植民地体制下における交通運輸の発展により、港市・後背地関係は社会的意味を喪失し、食糧も必要な場合には外部から内陸部に持ち込まれた。バタック人はキリスト教を受容し、オランダ植民地支配に服し、食人慣行を放棄した。彼らは一時、食人を語ることも、語られることも忌《き》諱《き》した。

ではなぜ、現代においてトバ湖を訪れる外来者は食人に関心をもち、またトバ・バタック人自身も過去の伝統を屈託なく語るのであろうか。外来者の関心は、おもにエキゾティシズムにもとづくものであり、北スマトラのインドネシア独立闘争で重要な役割を担ったバタック人は、かつての伝統を意識化できる余裕がある。今日のバタック人の日常生活は、電化製品を使用し、多くが携帯電話を持ち、外部世界と緊密にリンクしている。また経済のグローバル化の波が及び、さらに国民的同一性を重視する国民国家のもとで暮らしている点も、来訪者と基本的に大きく異なることがない。人喰い伝統を語ることで、グローバル化や国民統合を失速させることなど、彼らの脳裏には毛頭ない。また近代の人権思想が世界的に広く受容されていることは、ツーリストもバタック人も了解している。

だが、他方でそうした普遍化の動きは、多様な文化社会の個性を超えて展開するため、受容する側にアイデンティティの再構築を迫る。またそもそも現代社会を支えているグローバル経済や国際秩序さらに人権思想が、人類に調和ある発展をもたらしたかどうか、その評価は分かれる。二十一世紀を生きる私たちは、相変わらず価値観の衝突から、世界の各地で係争が生じ、少なからぬ生命が奪われ、また貧富の差により飢餓《きが》に苦しむ人々が数

サモシール島のリゾートホテルより眺めたトバ湖

トバ・バタックの子どもたちと著者
マンソン・ライマン殉教碑の前で。

多く存在することを認識している。さらに依然として、人間関係のもつれによる残虐な殺人行為が絶えないことも事実である。

食人は、死体の処理方法とみなされがちであるが、人を殺すことと無関係ではない。食人と殺人をめぐり、十八世紀終りのフランス革命の時代を生きたマルキ・ド・サドは、この問題に興味深い示唆を与えている。彼の小説には、食人の話がしばしば登場し、なかでも、「アリーヌとヴァルクール」のなかの「サンヴィルとレオノールの物語」のサンヴィルの語る旅行記(日本語訳「食人国旅行記」)では、南アフリカの食人慣行をもつビュテュアという名の架空の王国を登場させ、食人の意義を問いかける。

それによると、サンヴィルは恋人のレオノールをさがしてアフリカに向け航海したところ、嵐に遭って南アフリカの海岸に漂着し、奥地に入ったところ、ビュテュア王国で現地人に捕まってしまう。サンヴィルはその地で、同じく捕虜となったが、王よりその才能を認められ、この王国で二〇年間暮らすポルトガル人サルミエントと出会った。このポルトガル人は、長年暮らすなかで食人慣習に馴染み、隣国ジャガ国の戦争捕虜を食べながら、その料理を拒否するサンヴィルに以下のように諭す[サド 1997:229–230]。

人肉食の習慣を品性の堕落だなどと考えては困るな。人間を食うことは、牛を食うことと同様に単純なことだよ。いったいきみは、種の破壊の原因ともいうべき生存競争を、けしからぬ悪だなどと思っているのかね。それに、この破壊ということが一旦行われてしまった以上、解体した物質を土の中に埋めて葬ろうと、あるいはおれたちの胃の腑におさめてしまおうと、全くどちらでもよいことではなかろうかね？……人間の手に武器をもたせ、互いに殺し合いをすることを余儀なくさせるものは、野心だとか、復讐だとか、貪欲だとか、専制政治だとかいったような情熱さ。

サルミエントは、人肉を食するかどうかよりも、人間同士が殺戮《さつりく》し合い「種の破壊」をおこなっていることが重大な問題であるとする。食人を忌諱しつつも、殺戮をやめない人間の矛盾をサドが問題にした一節である。

食人は人を殺す方法の一つにほかならず、残忍なイメージを抱かれるがゆえに、他方でその語りは、人々の棲《す》み分けや共存を促すために展開したものが多かった。倒すか倒されるかの局面で人喰い話は意味をなさず、無益な衝突を避けさせようとするメッセージが、同時に込められていた。今日においても食人話は、現代の人権思想や政治理念と距離をおき、文化や価値観の多様さを考えさせる。トバ・バタック人が比較的屈託なく過去の食人慣習を語れるのも、来訪者が多彩な文化社会のあり方に高い関心をもっているからにほかならない。ここに「人はなぜ人喰い話が好きなのか」という、最初の問いとかかわる答えの一端がみえてこよう。

ちなみに動物のあいだでも、共食いが存在する[Elgar and Crespi 1992]。繁殖のために雄・雌間でおこなわれる昆虫や蜂の例などはよく知られている。また霊長類のチンパンジーも、再婚や雌の「乗っ取り」により、雄が義子を死に至らしめ、食する事例のあることが報告されている[Hirakawa-Hasegawa 1992]。地域的な差異があるが、栄養摂取と繁殖がおもな目的と考えられている。動物界に比し、本書が扱ってきたような戦争捕虜や罪人の食人は、制裁のための殺人となる。食するまで破壊して、人と社会との関係を再構築しようとしたのであった。自然との境界があいまいとされてきた食人習俗は、きわめて人間的なものといえるかもしれない。ましてやそれを語ることは、人間の文化的営みである。

人喰いの語りは、食することそのものよりも、はるかに多くの人々に共有されてきた。慣習としての食人はなくなったが、人間の死生観や身体観と関係し、異なる価値観がせめぎ合う人喰いの話は消滅しないであろう。そうしたなかで、人々の関心を引く話題を提供するインフォーマントは、いつの時代にも求められる。過去の例であろうが、現在のつくり話であろうが、食人の話はこれからも、ユーモラスにまた残虐に語られよう。文化の再生や創成とも関係するそうした語り手の役割は、今後も検討されるべき重要なテーマであり続けるのである。

あとがき

歴史研究者にとり、古代から現代までカバーできるテーマを論じられることは、このうえない醍醐味である。ただし、食人話がそうした題材であることを筆者が認識したのは、ごく最近のことであった。

今から三五年ほど前の大学院生時代に北スマトラのバタック社会の歴史研究を手がけた筆者は、この地域に食人慣行があったことをイギリス人やドイツ人らの文献から知った。また北スマトラの港市を訪れた西方イスラーム教徒やヨーロッパ人らは、古くからその風聞について記録を残していた。関心は覚えたが、史料が断片的であり、正面から論じるには難しいテーマに思えた。また、今日多くがキリスト教徒となったバタック人にとって、食人慣行は過去の伝統であり、負のレッテルを貼られがちな慣習をあえて論じるには、それなりの覚悟が必要なように思われた。

筆者が初めてこのテーマを取り上げたのは、前近代の交易史研究の観点からであった。その後研究を進めるなかで、東南アジアで食人風聞の流布していた場所は、貴重な交易品を産出する場所が多いことに気づかされた。東南アジアの古代海洋交易史の権威であったオリヴァー・ウォルターズは、シュリーヴィジャヤが南スマトラのパレンバンを中心に栄えた理由として、北スマトラは食人風聞が存在し、それが交易者にとって障害になったとした[Wolters 1967]。これに対し、食人の風聞の存在が港市と後背地関係がしっかりと構築されていることの表れと考えていた筆者は、一九九五年に「北スマトラとシュリヴィジャヤ——港市の隆盛と後背地の「食人」風聞」というタイトルで、北スマトラの食人風聞について論文を書いた[弘末 1995]。その一節は、本書の第3章の下地となっている。

するとこの研究の領域において、食人の記述をめぐり、それが本当に事実であったかどうか、非ヨーロッパ人集団にそれが存在するはずであるとみなすヨーロッパ人の視角をめぐる議論が、アレンズらによってなされていることを知った。彼の『人喰いの神話』は、人喰いの神話を醸成する欧米人自身のバイアスを指摘した作品であり、大きな刺激を受けた。ただし、そうした欧米人の「人喰い族」像形成にしばしば現地人インフォーマントが関与しており、彼らの役割を丁寧に考える必要性を感じたことは、本書でも述べたとおりである。現地人インフォーマントがいかなる状況下でどんな情報を授けたのか、彼らの存在理由を絡めて考察してみたくなった。「ヨーロッパ人の調査活動と介在者の「食人」文化の創造」[弘末 1999]は、そうした関心から論じたものであり、本書の第4章はそれを基盤にしている。また第2章は、大航海時代のヨーロッパ人の記録をこの観点から再検討したものである。

これらの研究成果を二〇〇六年に開かれたベルリン自由大学の国際ワークショップ“From Distant Tales: Archaeology and Ethnohistory in the Highlands of Sumatra”で、報告する機会を得た[Hirosue 2009]。このワークショップは、二つの点で筆者にとって貴重であった。一つは、北スマトラの食人のテーマに国際的にも多くの人々から関心を寄せてもらったこと、二つ目は、そこに参加していたトバ・バタック人のM・H・シマトゥパン氏が、バタック人が食人を語り、他集団に驚愕の念を与えることは、かつて美徳であったことを年長者から教えられ、今のバタック人も食人伝統を話題にされることを苦にしない、と話してくれたことだった。欧米人が日本人よりも、人喰い話に関心が高いことは以前から感じていた。キリスト教の聖体拝受の観念や、食人についての旅行記をはじめ文学作品や研究書が数多く出されていることなどが、影響してであろう。またシマトゥパン氏の指摘は、とりわけ筆者を元気づけてくれた。それまで過去の時代に限定して食人風聞を考察してきた筆者に、現在の状況を絡めて、その語りを検討する意欲を授けてくれたからである。

その後筆者は、トバ・バタック地域の観光人類学を専門とするアメリカ人のA・コーゼイ氏と連絡を取り合う機会を得た。彼の著書から、トバ・バタック人が現在でもツーリストを相手にかつての食人について語りを開花させていることを知った。そこで筆者も久しぶりに、本書の第5章の終りで紹介したサモシール島のシアルラガン村を訪れてみた。現地のガイドが屈託なく、かつての食人について語っている場面を目にした。聞いているツーリストたちも、楽しんでいるようであった。今のバタック人は、陽気に食人伝統を語れる立場になっていた。

もっともそのことは、現在の国民統合のなかでトバ・バタック人のおかれている境遇と決して無関係でないように思われた。周辺のムスリム集団からバタック人が蔑視される際、食人伝統がしばしば話題になり、二十世紀前半期にはバタック人自身も強くそれを意識した。しかし、インドネシア独立闘争における社会革命やオランダ軍とのゲリラ戦での彼らの実績が、周辺集団に対するバタック人の存在を正当化させる契機となり、蔑視された伝統を語り飛ばす余裕を与えたことは、本書で述べたとおりである。さらに現在のグローバリゼーションの生み出す確執も、その語りの復活を後押ししているように感じられた。

こうして考えてくるとき、食人の語りは決して過去の事象でなく、優れて現代的なテーマであることに気づかされた。筆者がかつて手がけてきた、十九世紀後半から二十世紀前半期の植民地体制下におけるバタック人の世界観の再構築や反植民地主義運動の研究［弘末 1990：1994］を踏まえつつ、その後のインドネシアの国民統合のなかで彼らがたどった道程を考察する作業にとりかかった。第5章はその結果である。歴史研究が現在と向き合うことの重要性を、あらためて認識させられた。

本書は、筆者の大学院時代の研究をはじめ、一九九〇年代以降の海洋交易と人喰い風聞をめぐる研究や、インフォーマントのつくりだす食人文化をめぐる研究、近年手がけたグローバリゼーションの時代における食人の語りの復活を、連関させてまとめた作品である。興味深いことに、前近代には食人を語ることに熱心であった中国人や日本人は、現在そうした情熱を後退させている。筆者が東アジア史の研究者であったならば、食人の語りをまとめてみようという気にならなかったかもしれない。トバ・バタックをフィールドとしていたからこそ、こうした歴史的過程を論じたいと思うに至り、他地域の事例と比較検討できたのである。

なお本書は、さまざまな人々に支えられた研究成果である。現在のトバ・バタック人の語りに目を開いてくれた前述のシマトゥパン氏やコーゼイ氏には、まず深くお礼申し上げたい。また筆者の大学院時代の指導教官であり、その後の海洋交易における食人風聞の研究を励ましてくれたA・リード先生、国際ワークショップで貴重な助言をしてくれたバルス史に詳しいJ・ドラッカード氏やベルリン自由大学のD・ボナーツ氏、さらに食人関係の史料を教示してくれたドイツの連合伝道協会のW・アペルト氏、このテーマの研究を励ましてくださった故永積昭先生をはじめ故森弘之先生や故桜井由躬雄先生、さらに池端雪浦先生や鈴木恒之先生、東アジアの事例に関してアドヴァイスをいただいた荒野泰典先生と濱下武志先生、中南米とギリシアの事例についてそれぞれアドヴァイスしてくれた疇谷憲洋先生と高橋秀樹先生、さらには動物の事例を教示してくれた長谷川寿一先生に、心よりお礼申し上げたい。

また本書は、山川出版社のヒストリアのシリーズの一冊として出版される予定であった。しかし筆者の遅筆から、この原稿が仕上がったときには、そのシリーズが休止されていることを知らされた。それでも一冊の本にしていただいた山川出版社に深く感謝申し上げる。

二〇一四年四月

弘末雅士

弘末雅士　ひろすえ まさし
1952年生まれ
オーストラリア国立大学大学院博士課程修了(Ph. D.)
現在，立教大学文学部教授
主要著書：『東南アジアの建国神話』(山川出版社 2003)，『東南アジアの港市世界――地域社会の形成と世界秩序』(岩波書店 2004)，『越境者の世界史――奴隷・移住者・混血者』(編，春風社 2013)，『新版世界各国史 6 東南アジア史Ⅱ　島嶼部』(共著，山川出版社 1999)，『山川世界史小辞典（改訂新版）』(共編，山川出版社 2004)

人《ひと》喰《く》いの社会史《しゃかいし》
カンニバリズムの語《かた》りと異文化《いぶんか》共存《きょうそん》
2014年10月20日　第1版1刷印刷
2014年10月30日　第1版1刷発行

著　者　弘末雅士《ひろすえまさし》
発行者　野澤伸平
発行所　株式会社山川出版社
〒101-0047　東京都千代田区内神田1-13-13
電話　03(3293)8131(営業)　8134(編集)
http://www.yamakawa.co.jp/
振替　00120-9-43993
印刷所　株式会社プロスト
製本所　株式会社ブロケード
装　幀　菊地信義
© Masashi Hirosue 2014 Printed in Japan ISBN978-4-634-64073-3
・造本には十分注意しておりますが，万一，落丁本・乱丁本などがございましたら，小社営業部宛にお送りください。
送料小社負担にてお取り替えいたします。
・定価はカバーに表示してあります。

索　　引

●ア行

●カ行

●サ行

●タ行

●ナ行

●ハ行

●マ行・ヤ行

●ラ行

関連年表

	おもな出来事	本書とかかわる出来事
前500	ペルシア戦争(～前449)	ヘロドトス『歴史』(前5世紀)
前463頃	ブッダの誕生	
前141	前漢武帝の統治(～前87)	司馬遷『史記』(前91頃)
30頃	イエスの処刑	最後の晩餐
1世紀頃		扶南成立
2世紀		プトレマイオス『地理書』
5世紀		マラッカ海峡の航行の確立
610頃	ムハンマドにアッラーの啓示	
7世紀	唐の隆盛	玄奘のインド留学(629～645) シュリーヴィジャヤの隆盛
750	アッバース朝の成立	
9世紀		『中国とインドの諸情報』
10世紀		ブズルク・ブン・シャフリヤール『インドの驚異譚』
12世紀		司馬光『資治通鑑』。周去非『嶺外代答』
1279	元，南宋を滅ぼす	
13世紀末	北スマトラ，イスラームを受容	マルコ・ポーロ，北スマトラに寄港(1292～93)
1368	明朝成立(～1644)	
1435		ニコロ・デ・コンティ，サムードゥラ訪問
15世紀後半		マラッカを拠点とする東南ア

		ジアの交易網確立。『パサイ王国物語』(～16世紀前半)
1492		コロンブス，バハマ諸島に到達
1499	アメリゴ・ヴェスプッチ，アメリカ大陸到達	
1500		カブラル，ブラジル漂着
16世紀初		下バルス王国成立
1511		ポルトガル，マラッカ占領(アチェの台頭促す)
1510年代初		トメ・ピレス，隆盛するバルス訪問
1519		マゼラン艦隊，スペインを出発
1521		マゼラン，フィリピン諸島に到着(３月)
		マゼラン，ラプラプに討たれる(４月)
		マゼラン艦隊，ティドーレ島に到着(11月)
1522		マゼラン艦隊，スペインに帰還
1524		アチェ，パサイ王国征服
1530年代		アチェがバルス，ダヤ，シンケルを制圧
1546		ザビエル，モルッカ諸島に滞在
1567		ポルトガル，フランスをブラジルから駆逐
1600	イギリス東インド会社設立(～1858)	
1602	オランダ東インド会社設立(～1799)	
17世紀前半		アチェ王国全盛期(マルタンやボーリュのアチェ訪問)

1619	オランダ，バタヴィアに拠点構える	
1644	清，北京入城	
1663		オランダ，パイナン条約によりスマトラ進出
1668		オランダ，バルスに商館設立
1756		イギリス，タパヌリに拠点設立
1789	フランス革命勃発	
1795		オランダ，スマトラの拠点をイギリスに奪われる
1803		ハジ・ミスキン，メッカより帰還しイスラーム改革運動開始
1819	シンガポール開港	
1823		アンダーソン，北スマトラの東海岸を訪問
1824		ロンドン条約(3月)。オランダがスマトラに復帰
		イギリス，バプティストの宣教師をトバ地域に派遣(4月)
1833		オランダ，ラオとマンダィリンのパドリを制圧
1834		アメリカ人宣教師2名，トバ地域で殺戮される
1840	アヘン戦争(～41)	オランダ，バタック地域の調査にユングフーン派遣
1841		マンダィリン地域でコーヒーの強制栽培開始
1842		メルヴィル，ヌクヒヴァ島のタイピーの谷に滞在
1846		メルヴィル『タイピー』

1853		オランダ人ファン・デル・テューク，バッカラ訪問
1857	シパーヒーの反乱(〜58)	
1861		ドイツのライン伝道協会，バタック地域で活動開始
1862		スマトラ東海岸でタバコのプランテーション開始
1867	明治維新	
1869	スエズ運河開通	
1873		アチェ戦争勃発(〜1912)
1878		第1次シ・シンガ・マンガラジャ戦争
1883		第2次シ・シンガ・マンガラジャ戦争
1886		オランダ，トバ・バタック地域に植民地首長(郡長，副郡長，村長)制度導入
1887		フォン・ブレンナー，バタック地域訪問調査
1890		ソマライン，パルマリム運動開始。モディリアニ，バタック地域に滞在(〜91)
1896		ソマライン，流刑に処せられる
1898	米西戦争	シ・ジャガ・シマトゥパン，新パルマリム運動開始
1903		アチェのスルタン，オランダに降伏
1904		オランダ軍，ガヨ・アラス地域制圧
1905		フォルツ，バタック地域訪問調査
1907		シ・シンガ・マンガラジャ12世，オランダ軍に討たれる

1910		シ・ジャガ・シマトゥパン，逮捕される
1911	辛亥革命	イスラーム同盟設立
1912	中華民国成立	
1913		オランダ,スマトラ全島を植民地化
1914	第一次世界大戦(～18)	
1915		パルフダムダム運動(～17)
1916		オランダ，タパヌリ州に地方長・副地方長を導入
1917	ロシア革命	バタック・キリスト教徒連合設立
1918		魯迅『狂人日記』
1920		インドネシア共産党設立
1926		インドネシア共産党，武装蜂起に失敗し解党(～27)
1928		スカルノ，インドネシア国民党設立(～31)
1931		インドネシア党設立(～36)
1939	第二次世界大戦(～45)	
1941	太平洋戦争勃発(～45)	
1942		日本軍,インドネシアを占領(～45)
1943		インドネシアで郷土防衛義勇軍設立
1945		インドネシア独立宣言(8月17日)。連合軍，インドネシア上陸(9月)。独立派と戦闘始まる
1946	第1次インドシナ戦争(～54)	青年層,北スマトラで社会革命展開
1949	中華人民共和国成立	ハーグ円卓会議(オランダ，インドネシア連邦共和国に主権移譲)
1950	朝鮮戦争勃発(～53) インドネシア共和国成立	トバ・バタック人のスマトラ東海岸への移住者増加

1954	ジュネーヴ協定成立	
1957		オランダ企業の接収活動開始
1961		プロテスタント・バタック・キリスト教会成立100周年
1964	トンキン湾事件	
1965	インドネシア，国連脱退通告 ベトナム戦争激化(〜75) 9･30事件(スカルノ失脚)	
1966		スカルノ，スハルトに大統領権限委譲
1967	ASEAN結成	インドネシアで外資を優遇する外国投資法成立
1968		スハルト大統領就任
1975	ベトナム戦争終結	東ティモール独立宣言(11月)。インドネシア，東ティモールに軍事侵攻開始(12月)
1980・90年代		トバ湖を訪れるツーリスト増加
1997	アジア通貨・金融危機発生	
1998		スハルト大統領辞任
2000		アチェなどで分離独立運動
2002		東ティモール民主共和国独立(５月)。バリ島で爆弾テロ(10月)
2004	スマトラ沖大地震	
2005		インドネシア政府とアチェ自由運動派との合意成立

参考文献

●日本語文献

青木康征 1989.『コロンブス――大航海時代の起業家』中央公論社

アレンズ（W・アレンズ）1982.『人喰いの神話――人類学とカニバリズム』（折島正司訳）岩波書店

生田滋 1998.『大航海時代とモルッカ諸島――ポルトガル、スペイン、テルナテ王国と丁字貿易』中央公論社

井野瀬久美惠 1998.『女たちの大英帝国』講談社

アメリゴ・ヴェスプッチ 1965.「アメリゴ・ヴェスプッチの書簡集」コロンブス／アメリゴ／ガマ／バルボア／マゼラン『航海の記録』（林屋栄吉訳・注，野々山ミチコ訳，長南実訳，増田義郎注）岩波書店

応地利明 1996.『絵地図の世界像』岩波書店

岡倉登志 1990.『「野蛮」の発見』講談社

金英順 2011.「東アジアの孝子説話研究」立教大学大学院提出博士論文

金七紀男 2009.『ブラジル史』東洋書店

栗田博之 1999.「ニューギニア「食人族」の過去と現在」春日直樹編『オセアニア・オリエンタリズム』世界思想社

桑原隲蔵 1988.『東洋文明史論』平凡社

玄奘 1999.『大唐西域記』3（水谷真成訳注）平凡社

小峯和明 1985.『今昔物語の形成と構造』笠間書院

コロンブス 1965.「クリストーバル・コロンの四回の航海」コロンブス／アメリゴ／ガマ／バルボア／マゼラン『航海の記録』（林屋栄吉訳・注，野々山ミチコ訳，長南実訳，増田義郎注）岩波書店

マルキ・ド・サド 1997.「食人国旅行記」『澁澤龍彥翻訳全集』8　河出書房新社

ザビエル（フランシスコ・ザビエル）1994.『聖フランシスコ・ザビエル全書簡』2（河野純徳訳）平凡社

鈴木恒之 1976.「アチェー西海岸におけるコショウ栽培の発展と新ナングルの形成――18世紀末から19世紀前半の」『東南アジア　歴史と文化』第6号

竹山道雄 1983.『竹山道雄著作集 7　ビルマの竪琴』福武書店

『中国とインドの諸情報 1（第一の書）』2007.（家島彦一訳註）平凡社
アンドレ・テヴェ 1982.「南極フランス異聞」カルチエ／テヴェ『フランスとアメリカ大陸 一』（西本晃二訳・注，山本顕一訳・注，二宮敬解説）岩波書店
鳥井裕美子 1993.「近世日本のアジア認識」溝口雄三・浜下武志・平石直昭・宮嶋博史編『交錯するアジア』東京大学出版会
中野美代子 1987.『カニバリズム論』福武書店
『パサイ王国物語——最古のマレー歴史文学』2001.（野村亨訳注）平凡社
早瀬晋三 2003.『海域イスラーム社会の歴史——ミンダナオ・エスノヒストリー』岩波書店
ピガフェッタ（アントニオ・ピガフェッタ）1965.「マガリャンイス最初の世界一周航海」コロンブス／アメリゴ／ガマ／バルボア／マゼラン『航海の記録』（林屋栄吉訳・注，野々山ミチコ訳，長南実訳，増田義郎注）岩波書店
ピーター・ヒューム 1995.『征服の修辞学——ヨーロッパとカリブ海先住民，1492-1797年』（岩尾龍太郎・正木恒夫・本橋哲也訳）法政大学出版局
トメ・ピレス 1966.『東方諸国記』（生田滋・池上岑夫・加藤栄一・長岡新治郎訳・注）岩波書店
弘末雅士 1990.「バタック族の千年王国運動における預言者の役割——植民地支配者追放の観念の形成」『史学雑誌』第99編第１号
弘末雅士 1994.「インドネシアの民衆宗教と反植民地主義」池端雪浦編『変わる東南アジア史像』山川出版社
弘末雅士 1995.「北スマトラとシュリヴィジャヤ——港市の隆盛と後背地の「食人」風聞」『MUSEUM：東京国立博物館美術誌』第537号
弘末雅士 1999.「ヨーロッパ人の調査活動と介在者の「食人」文化の創造」『史苑』第60巻第１号
弘末雅士 2003.『東南アジアの建国神話』山川出版社
弘末雅士 2004.『東南アジアの港市世界——地域社会の形成と世界秩序』岩波書店
メンデス・ピント 1979.『東洋遍歴記』1（岡村多希子訳）平凡社
深見純生 1996.「1913年のインドネシア——東インド党指導者国外追放の社会的背景」『東南アジア研究』第34巻第１号
深見純生 1999.「古代の栄光」池端雪浦編『新版世界各国史 6　東南アジ

ア史 Ⅱ　島嶼部』山川出版社
総山孝雄 1975.『秘境トバ湖に生きる神秘のバタック族』日本インドネシア協会・改造社
ブズルク・ブン・シャフリヤール 2011a.『インドの驚異譚 1——10世紀〈海のアジア〉の説話集』（家島彦一訳）平凡社
ブズルク・ブン・シャフリヤール 2011b.『インドの驚異譚 2——10世紀〈海のアジア〉の説話集』（家島彦一訳）平凡社
ヘロドトス 1971.『歴史』上（松平千秋訳）岩波書店
マルコ・ポーロ 1971.『東方見聞録』2（愛宕松男訳注）平凡社
マルコ・ポーロ 2002.『全訳マルコ・ポーロ東方見聞録——『驚異の書』fr.2810 写本』（月村辰雄・久保田勝一訳）岩波書店
ペロ・デ・マガリャンイス・ガンダヴォ 1984.「ブラジル誌」ブーチエ／カミーニャ／マガリャンイス／ピガフェッタ『ヨーロッパと大西洋』（細川哲士訳・注，池上岑夫訳・注，河島英昭訳，松園万亀雄注）岩波書店
増田義郎 1999.「ヨーロッパ人の侵入」増田義郎・山田睦男編『新版世界各国史 25　ラテン・アメリカ史Ⅰ　メキシコ・中央アメリカ・カリブ海』山川出版社
ハーマン・メルヴィル 1981.『メルヴィル全集Ⅰ　タイピー』（坂下昇訳）国書刊行会
モンテーニュ 2005.「食人種について」『随想録（エセー）』上（松浪信三郎訳）河出書房新社
家島彦一 2011.「解説」ブズルク・ブン・シャフリヤール『インドの驚異譚 1——10世紀〈海のアジア〉の説話集』（家島彦一訳）平凡社
山田睦男 2000.「植民地時代のブラジル」増田義郎編『新版世界各国史 26　ラテン・アメリカ史Ⅱ　南アメリカ』山川出版社
山本春樹 2007.『バタックの宗教——インドネシアにおけるキリスト教と土着宗教の相克』風響社
ラス・カサス編 1977.『コロンブス航海誌』（林屋永吉訳）岩波書店
ラス・カサス 2009.『インディアス史』（二）（長南実訳，石原保徳編）岩波書店
ジャン・ド・レリー 1987.「ブラジル旅行記」レリー／ロードニエール／ル・シャルー『フランスとアメリカ大陸　二』（二宮敬訳・注，宮下志朗訳・注，高橋由美子訳・注）岩波書店

魯迅 1955.『阿Q正伝・狂人日記　他十二篇（吶喊)』（竹内好訳）岩波書店

●外国語文献

Algemeen Rijksarchief, Eerste Afdeling 1992. *De archieven van de Verenigde Oostindische Compagnie: The Archives of the Dutch East India Company (1602–1795)*, The Hague.

Anderson, J. 1826. *Mission to the East Coast of Sumatra in 1823*, [reprint, 1971], Oxford University Press, Kuala Lumpur/Singapore/London/New York.

Arens,W. 1979.*The Man-Eating Myth:Anthropophagy and Anthropology*, Oxford University Press, New York.

Asselt, G. van 1906. *Achttien Jaren onder de Bataks*, Rotterdam.

Barker, F., P. Hulme and M. Iversen eds. 1998. *Cannibalism and the Colonial World*, Cambridge University Press, Cambridge.

Bickmore, A. S. 1868. *Travels in the East Indian Archipelago*, London.

Boer, D. W. N. de 1914. "De Permalimsekten van Oeloean, Toba en Habinsaran", *Tijdschrift voor het Binnenlandsch Bestuur*, vol. 47.

Boer, D. W. N. de 1915. "De Permalimsekten van Oeloean, Toba en Habinsaran", *Tijdschrift voor het Binnenlandsch Bestuur*, vol. 48.

Boxer, C. R. 1969. "A Note on Portuguese Reactions to the Revival of the Red Sea Spice Trade and the Rise of Atjeh, 1540–1600", *Journal of Southeast Asian History*, vol. 5.

Brenner, J. F. von 1894. *Besuch bei den Kannibalen Sumatras: Eerste Durchquerung der unabhängigen Batak-Lande*, Würzburg.

B. R. M. 1883. "Der Krieg in Toba", *Berichite der Rheinischen Missions-Gesellschaft*, 1883.

B. R. M. 1888. "Weitere Fortschritte auf Sumatra", *Berichite der Rheinischen Missions-Gesellschaft*, 1888.

B. R. M. 1893. "Aus der Battamission", *Berichite der Rheinischen Missions-Gesellschaft*, 1893.

B. R. M. 1919. "Der Hatopan Kristen Batak (H. K. B.)", *Berichite der Rheinischen Missions-Gesellschaft*, 1919.

Brown, C. C. ed. 1970. *Sejarah Melayu or Malay Annals*, Kuala Lumpur/London/New York/Melbourne.

Castles, L. 1972. "The Political Life of a Sumatran Residency: Tapanuli 1915–1940", Ph.D. dissertation submitted to Yale University.

Causey. A. 2003. *Hard Bargaining in Sumatra: Western Travelers and Toba Bataks in the Marketplace of Souvenirs*, University of Hawai'i Press, Honolulu.

Causey, A. 2007. "'Go back to the Batak, It's Safe There': Tourism in North Sumatra during Perilous Times", *Indonesia and the Malay World*, vol. 35, no. 103.

Coolsma, S. 1901. *De Zendingseeuw voor Nederlandsch Oost-Indië*, Utrecht.

Cunningham, C. E. 1958. *The Post War Migration of the Toba-Bataks to the East Sumatra*, New Haven.

Deli-Batavia Maatschappij 1925. *Deli-Batavia Maatschappij 1875–1925*, Amsterdam.

Dening, G. 1980. *Islands and Beaches: Discourse on a Silent Land Marquesas 1774–1880*, The University Press of Hawaii, Honolulu.

Dijk, P. A. L. E. van 1895. "Eenige aanteekeningen omtrent de verschillende stammen (margas) en de stamverdeeling bij de Battaks. Het Priesterhoofd Si Singa Mangaradja, zijn ontstaan en zijne afkomst. Het eten van menschenvleesch bij de Battaks", *Tijdschrift voor Indische Taal-, Land- en Volkenkunde*, vol. 38.

Dobbin, C. 1983. *Islamic Revivalism in a Changing Peasant Economy: Central Sumatra, 1784–1847*, Copenhagen.

Drakard, J. ed. 1988. *Sejarah Raja-Raja Barus*, Jakarta/Bandung.

Drakard, J. 1990. *A Malay Frontier: Unity and Diversity in a Sumatran Kingdom,* Ithaca.

Elgar, M. A. and B. J. Crespi eds. 1992. *Cannibalism: Ecology and Evolution among Diverse Taxa*, Oxford University Press, Oxford/New York/Tokyo.

Gabriel, C. 1922. "Kriegszug der Bondjol unter Anführung des Tuanku Rau in die Bataklãnder, zusammengetragen von Guru Kenan Huta Galung und aus dem Batakschen ins Deutsche übersetzt", *Tijdschrift voor Indische Taal-, Land- en Volkenkunde*, vol. 61.

Gerini, G. E. 1909. *Researches on Ptolemy's Geography of Eastern Asia*, London.

Gould, J. W. 1961. *Americans in Sumatra*, The Hague.

Groeneboer, K. 2002. *Een vorst onder de taalgeleerden: Herman Neubronner van der Tuuk*, Leiden.

Haberberger, S. 2007. *Kolonialismus und Kannibalismus: Fälle aus Deutsch-Neuguinea und Britisch-Neuguinea 1884–1914*, Wiesbaden.

Hägerdal, H. 2010. "Cannibals and Pedlars: Economic Opportunities and Political Alliance in Alor, 1600–1850", *Indonesia and the Malay World*, vol. 38, no. 111.

Hamilton, A. 1930. *A New Account of the East Indies*, vol. 2, London.

Harahap, I. 2010. *Hata ni Debata: Etnografi kebudayaan spiritual-musikal Parmalim Batak Toba*, Medan.

Harris, J. ed. 1744. *Navigantium atque Itinerantium Bibliotheca: A Complete Collection of Voyages and Travels*, London.

Heine-Geldern, R. 1959. "Le pays de P'i-k'ien, le Roi au Grand Cou et le Singa Mangaradja", *Bulletin de l'École Française d'Extrême-Orient*, vol. 49.

Heyne, B. 1818. *An Examination of so much of the Tracts, Historical and Stastical, on India by Benjamin Heyne as Related to the Account of Sumatra, with Various Notices on the Subjects of Cannibalism, Slavery by an Inhabitant of Fort Marlborough*, London.

Hill, A. H. ed. 1961. "Hikayat Raja-Raja Pasai", *Journal of the Malayan Branch of the Royal Asiatic Society*, vol. 33, part 2.

Hiraiwa-Hasegawa, M. 1992. "Cannibalism among Non-human Primates", in *Cannibalism: Ecology and Evolution among Diverse Taxa*, ed. by M. A. Elgar and B. J. Crespi, Oxford University Press, Oxford/New York/Tokyo.

Hirosue, M. 2009. "The Role of Local Informants in the Making of the Image of "Cannibalism" in North Sumatra", in *From Distant Tales: Archaeology and Ethnohistory in the Highlands of Sumatra*, eds. by D. Bonatz, J. Miksic, J. D. Neidel and M. L. Tjoa-Bonatz, New Castle upon Tyne.

Hirth, F. and W. W. Rockhill eds. 1911. *Chau Ju-Kua: His Work on the Chinese and Arab Trade in the Twelfth and Thirteenth Centuries, Entitled Chu-fan-chï*, St. Petersburg.

Hoetagaloeng, W. 1922. Testimony of Gayus Hutahaean, in V. E. Korn Collection no. 454, in Koninklijk Instituut Taal-, Land- en Volkenkunde, (Leiden).

Jones, R. ed. 1987. *Hikayat Raja Pasai*, Petaling Jaya.

Joustra, M. 1910. *Batakspiegel*, (Leiden).

Joustra, M. 1917. *De toestanden in Tapanoeli en Regeeringscommissie*, Amsterdam.

Junghuhn, F. 1847. *Die Battaländer auf Sumatra*, vol. 2, Berlin.

Kathirithamby-Wells, J. 1969. "Achehnese Control over West Sumatra up to the Treaty of Painan, 1663", *Journal of Southeast Asian History*, vol. 10, no. 3.

Kempees, J. C. J. n.d. *De tocht van Overste van Daalen door de Gajō-, Alas- en Bataklanden*, Amsterdam.

Kessel, O. von 1856. "Reis in de nog onafhankelijke Batak-landen van Klein-Toba, op Sumatra, in 1844", *Bijdragen tot de Taal-, Land- en Volkenkunde,* vol. 4.

Langenberg, M. van 1985. "East Sumatra: Accommodating an Indonesian Nation within a Sumatran Residency", in *Regional Dynamics of the Indonesian Revolution: Unity from Diversity*, ed. by A. R. Kahin, University of Hawaii Press, Honolulu.

Léry, J. de 1990. *History of a Voyage to the Land of Brazil, Otherwise Called America*, trans. by Janet Whatley, University of California Press, Berkeley/Los Angeles/Oxford.

Lestringant, F. 1997. *Cannibals: The Discovery and Representation of the Cannibal from Columbus to Jules Verne*, trans. by R. Morris, University of California Press, Berkeley/Los Angeles.

Loeb, E. M. 1972. *Sumatra: Its History and People*, Kuala Lumpur/Jakarta.

Lonely Planet Indonesia 2013. *Lonely Planet Indonesia*, 10th ed., Singapore.

Lumban Gaol, H. J. 2011. *Sang Apostel Batak: Dari Munson-Lyman hingga Nommensen*, Jakarta.

Marsden, W. 1811. *History of Sumatra*, [3rd edition reprint, 1966], Oxford University Press, Kuala Lumpur/New York.

Martin, F. de V. 1609. *Description du premier voyage faict aux Indes Orientales par les François en l'an 1603*, Paris.

Maxwell, A. R. 1996. "Headtaking and the Consolidation of Political Power in the Early Brunei State", in *Headhunting and the Social Imagination in Southeast Asia*, ed. by Janet Hoskins, Stanford University Press, Stanford/California.

Modigliani, E 1892. *Fra i Batacchi indipendenti*, Rome.

Modigliani, E. 2002. *Elio Modigliani: Viaggiatore e naturalista sulla rotta delle meraviglie Nias, Sumatra, Engano, Mentawei 1886–1894*, Florence.

Nicolò de' Conti 1857. "The Travels of Nicolò Conti, in the East", in *India in the Fifteenth Century*, ed. by R. H. Major, London.

Nommensen, J. T. 1974. *Ompu I Dr. Ingwer Ludwig Nommensen*, Jakarta.

Obeyesekere, G. 2005. *Cannibal Talk: The Man-Eating Myth and Human Sacrifice in the South Seas*, University of California Press, Berkeley/Los Angeles/London.

Oey, E. M. ed. 1996. *Periplus Adventure Guides Sumatra Indonesia*, Singapore.

Oppen, M. J. H. van ca. 1843. "Description statistique de la partie du pays des Battaks (côte nordouest de Sumatra) soumise à la domination Néerlandise, & dependant de la circonscription de Tapanoelie", H 807 in Koninklijk Instituut Taal-, Land- en Volkenkunde, (Leiden).

Parlindungan, M. O. 1964. *Pongkinangolngolan Sinambela gelar Tuanku Rao*, Jakarta.

Proces-Verbaal 1896. Proces-Verbaal of G. Somalaing, (Tarutung, 30 Jan. 1896), Indischen brief, 22 May 1896, no.910/2, V.25/6/1896/96, in Nationaal Archief, (The Hague).

Reid, A. 1969. "Sixteenth Century Turkish Influence in Western Indonesia", *Journal of Southeast Asian History*, vol. 10.

Reid, A. 1979. *The Blood of the People: Revolution and the End of Traditional Rule in Northern Sumatra*, Oxford University Press, Kuala Lumpur/Oxford/New York/Melbourne.

Reid, A. 1988. *Southeast Asia in the Age of Commerce 1450–1680*, vol. 1, Yale University Press, New Haven/London.

Reid, A. 1993. *Southeast Asia in the Age of Commerce 1450–1680*, vol. 2, Yale University Press, New Haven/London.

Ricklefs, M. C. 1974. *Jogjakarta under Sultan Mangkubumi 1749–1792: A History of the Division of Java*, Oxford University Press, London/New York/Toronto/Kuala Lumpur.

Rykhoek, D. 1934. *Munson en Lyman: De bloedgetuigen*, Magelang.

R. Z. 1887. "De zendingposten der Rijnsche zending in Silindoeng en Toba", *De Rijnsche Zending*, 1887.

R. Z. 1908. "De laatste Singamangaradja", *De Rijnsche Zending*, 1908.

Schoch 1834. De waarnemend posthouder, "Rapport nopens de twee Amerikaansche Zendelingen de Heren Lijman en Munson welke volgens Dagregister dd 30 Junij 1834 van de voormaligen Posthouder den Heer F. Bonnet door de Battasche bevolking zijn vermoord en opgegeten", 13 September 1834, Tap-

panoly, Siam Mission, Messrs Munson & Lyman 139, (in Harvard University).

Schreiber, C. 2005. *Sidihoni Perle im Herzen Sumatra I: Stationen und Bilder einer Feldforschung,* Tübingen.

Schreiner, W. 1927. *In de worsteling om de wereld (Batak-Zending)*, eds. and trans. by D. Pol and G. J. Staal, Kampen.

周去非（揚武泉校注）1999.『嶺外代答校注』中華書局

Sianipar, F. H. 1971. *Samuel Munson Henry Lyman*, Pearaja Tarutung.

Sidjabat, W. B. 1982. *Ahu Si Singamangaraja: Arti Historis, Politis, Ekonomis dan Religius Si Singamangaraja XII*, Jakarta.

Sihombing, J. 1961. *Sedjarah ni Huria Kristen Batak Protestant*, Medan.

Simorangkir, P. J. 2006. *Berhala, Adat Istiadat dan Agama: (Kajian Batak Kristen)*, Jakarta Selatan.

Staden, H. 2008. *Hans Staden's True History: An Account of Cannibal Captivity in Brazil*, eds. and trans. by N. L. Whitehead and M. Harbsmeier, Duke University Press, Durham/London.

Stanley of Alderley ed. 1874. *The First Voyage round the World by Magellan: Translated from the Accounts of Pigafetta and Other Contemporary Writers*, New York.

Suárez, T. 1999. *Early Mapping of Southeast Asia*, Hong Kong.

Subbarayalu, Y. 2002. "The Tamil Merchant-Guild Inscription at Barus, Indonesia: A Rediscovery", in *Ancient and Medieval Commercial Activities in the Indian Ocean:Testimony of Inscriptions and Ceramic-sherds: Report of the Taisho University Research Project 1997–2000*, ed. by N. Karashima, Taisho University, Tokyo.

Tambo 1872. "Tambo asal-oesoel ketoeroenan Raja-Taroesan datang kenegeri Baroes", in V. E. Korn Collection no. 436, Koninklijk Instituut voor Taal-, Land- en Volkenkunde, (Leiden).

Teuku Iskandar 1958. *De hikajat Atjéh*, The Hague.

Thompson, W. M. 1839. *Memoirs of the Rev. Samuel Munson, and the Rev. Henry Lyman, Late Missionaries to the Indian Archipelago, with the Journal of their Exploring Tour*, New York.

Tibbetts, G. R. 1979. *A Study of the Arabic Texts Containing Material on South-East Asia*, Leiden/London.

Tuuk, H. N. van der 1962. *De pen in gal gedoopt: Brieven en documenten verzameld en toegelicht door R. Nieuwenhuys*, Amsterdam.

Vergouwen, J. C. 1964. *The Social Organisation and Customary Law of the Toba-Batak of Northern Sumatra*, trans. by Jeune Scott-Kemball with a Preface by Johannes Keuning, The Hague.

Verslag 1856. "Verslag van eene reis in het land der Bataks, in het binnenland van Sumatra, ondernomen in het jaar 1824, door de heeren Burton en Ward, zendelingen der Baptisten. Medegedeeld door wijlen Sir Stamford Raffles", *Bijdragen tot de Taal-, Land- en Volkenkunde*, vol. 5.

VOC 1272. "Rapport vanden ondercoopman en boeckhouder Johannes Melman wegens Baros (29 Aug. 1669)", Nationaal Archief, (The Hague).

Volz, W. 1909. *Nord-Sumatra*, vol. 1, Berlin.

Whitehead, N. L. and M. Harbsmeier 2008. "Introduction", in *Hans Staden's True History: An Account of Cannibal Captivity in Brazil*, eds. and trans. by N. L. Whitehead and M. Harbsmeier, Duke University Press, Durham/London.

Winkler, J. 1925. *Die Toba=Batak auf Sumatra in gesunden und kranken Tagen: Ein Beitrag zur Kenntnis des animistischen Heidentums*, Stuttgart.

Wolters, O. W. 1967. *Early Indonesian Commerce: A Study of the Origins of Śrīvijaya*, Ithaca/New York.

Wormser, C. W. 1940. *Frans Junghuhn*, Deventer.

Ypes, W. K. H. 1932. *Bijdrage tot de kennis van de stamverwantschap, de inheemsche rechtsgemeenschappen en het grondenrecht der Toba- en Dairibataks*, Leiden.

図版出典一覧

7ページ：Staden 2008, p.136
13ページ上：Lestringant 1997, p.18
13ページ下：著者撮影
23ページ上：著者作成
23ページ下：コロンブス 1965, 42頁
35ページ上：Algemeen Rijksarchief, Eerste Afdeling 1992, p.53
35ページ下：著者撮影
41ページ上：著者作成
41ページ下：著者撮影
47ページ：テヴェ 1982, 402頁
51ページ上：Staden 2008, p.65
51ページ下：Staden 2008, p.135
59ページ上：Léry 1990, p.165
59ページ下：Staden 2008, p.135
69ページ上：著者作成
69ページ下：Suárez 1999, p.55
75ページ：ユニフォトプレス提供
81ページ：著者撮影
84ページ：著者作成
92ページ：著者撮影
96ページ：著者撮影
101ページ上：著者撮影
101ページ下：著者作成
111ページ上・下：著者撮影
119ページ上：著者撮影
119ページ下：Groeneboer 2002, 口絵
125ページ上：著者撮影
125ページ下：著者作成
130ページ：Schreiner 1927, p.ii
132ページ：著者作成

140ページ：Dening 1980, p.77
149ページ上：Modigliani 2002, p.10
149ページ中：Winkler 1925, p.ii
149ページ下：Modigliani 2002, p.61
163ページ上：Deli-Batavia Maatschappij 1925, p.143
163ページ下：著者撮影
166ページ：著者撮影
170ページ：Harahap 2010, p.67
174ページ：著者撮影
181ページ上：Rykhoek 1934, p.4
181ページ下：著者撮影
191ページ上：著者撮影
191ページ下：著者提供